시작부터 꼬이던
대화가

심리학을
만나고

술술
풀리기 시작했다

시작부터 꼬이던 대화가
심리학을 만나고
술술 풀리기 시작했다

초판 발행 2020년 1월 31일

지은이 나이토 요시히토
옮긴이 김주영

펴낸이 이성용
책임편집 박의성   **책디자인** 책돼지

펴낸곳 빈티지하우스
주 소 서울시 마포구 양화로11길 46 504호(서교동, 남성빌딩)
전 화 02-355-2696   **팩 스** 02-6442-2696
이메일 vintagehouse_book@naver.com
등 록 제 2017-000161호 (2017년 6월 15일)

ISBN 979-11-89249-27-4 13320

BUKI NI NARU KAIWAJUTSU
Copyright © 2009 by Yoshihito NAITO
All rights reserved.
First published in Japan in 2009 by PHP Institute, Inc.
Korean translation rights arranged with PHP Institute, Inc.
through JM Contents Agency co.

이 책의 한국어판 저작권은 JMCA를 통한 저작권사와의 독점 계약으로
빈티지하우스에 있습니다.

시작부터 꼬이던
대화가
심리학을
만나고
술술
풀리기 시작했다

66개의
심리 실험에서 찾아낸
무기가 되는 대화법

나이토 요시히토 지음 | **김주영** 옮김

빈티지하우스
VINTAGE HOUSE

차례

대화를 나눌 때 어법이나 문법 등을 일일이 따져가며 말하는 사람은 없을 것이다. 말이란 누구나 쉽게 할 수 있다고 생각하기 때문이다.

사람들이 걸음을 내디딜 때 오른발을 먼저 내디뎌야 할지, 왼발을 먼저 내디뎌야 할지, 또는 발을 얼마나 높이 들어야 할지 고민하지 않고 자연스럽게 걷는 것처럼 대화도 자연스럽게 꺼내고 이야기를 나눈다.

하지만 말을 할 줄 안다고 해서 모두가 능숙한 대화를 하는 것은 아니다. 상대에게 공감을 얻고 감동을 주며 즐겁게 대화하기 위해서는 기술이 필요하다. 따라서 이 책에서는 보다 즐겁고 능숙한 대화를 위해 심리학에 기반을 둔 대화의 기술을 공개하려고 한다.

여러분 중에는 '일상 대화가 가능하면 됐지, 굳이 대화의 기술까지 배워야 하나?'라고 반문하는 사람도 있을 것이다.

어찌 보면 타당한 말이다. 다만 이렇게 생각하는 한 대화를 자신의 무기로 삼지 못한다.

예를 들어 나는 25m를 헤엄칠 수 있지만, 이는 단지 물속에서 팔을 뻗어 앞으로 나아가는 수준일 뿐 사람들에게 주목받는 유려한 영법을 구사한다거나 수영 선수 수준의 기록으로 헤엄친다는 말은 아니다. 단순히 다른 사람만큼 헤엄치는 수준인 것이다. 따라서 나의 수영 실력은 무기가 되지 못할 뿐더러 자랑거리로 삼을 수조차 없다.

여러분들도 현재 자신의 대화에 만족한다면 더 이상 이 책을 읽을 필요가 없다. 다만 대화를 자신의 무기로 삼고 싶거나 상대에게 뛰어난 말솜씨를 어필하고 싶다면 이 책을 읽어보기를 권한다. 과학적 연구와 심리학을 바탕으로 한 매우 효과적인 대화 기술을 총정리했기 때문이다.

'그래, 이렇게 말하면 상대에게 호감을 얻을 수 있구나.'

'내 매력을 어필하려면 이렇게 말해야 하는군.'

'이렇게 말하면 대화가 지루해지지 않네.'

이 책에는 마법과도 같은 대화 비법이 가득 담겨 있다. 대화에 자신이 없거나 대화 기술을 진지하게 연구해보고 싶은 독자라면 꼭 읽어보기 바란다.

자화자찬이 심하면 웃음거리가 될지도 모르지만, 이 책에는 거의 모든 대화법이 정말 잘 정리되어 있다. 대화 기술에 관련된 책은 충분히 읽었다며 식상해하는 독자라도 절대 후회하지 않을 만큼 자신이 있다. 아무쪼록 마지막까지 함께하여 대화법이 당신의 무기가 되기를 바란다.

1장

대화를 시작하기 전에
반드시 채워야 할
대화의 체력

대화 소재는
흥미로운 것으로 준비하자

"혹시 이 이야기 들어봤어?

우리는 항상 달의 앞면만 보고 있대."

    요리를 만들 때 음식의 맛을 좌우하는 것은 재료가 7 요
리 솜씨가 3이라고들 한다. 아무리 유명한 셰프가 음식을 만
들어도 애초에 재료가 시원찮으면 음식 맛을 기대하기 어렵
다. 손님에게 맛있는 음식을 대접하고 싶다면 요리 솜씨도
갈고닦아야겠지만, 그 전에 신선한 재료를 준비하는 것이 먼
저다.

대화도 마찬가지다. 아무리 말발이 좋은 사람이라고 해도 대화 소재가 변변찮으면 이어지는 대화 역시 무르익기 힘들다. 그 어떤 대화의 달인이라고 해도 상대가 흥미를 느끼지 못하는 이야기로 대화를 이어가기란 불가능에 가깝다.

그렇다면 좋은 대화 소재란 무엇일까?

힌트는 '상대가 모르는 이야기'에 있다. 상대가 이미 충분히 알고 있는 내용으로는 흥미를 끌기 어렵다. 언젠가 누군가에게 들은 적 있는, 예전에 책에서 읽은 듯한 이야기는 식상할 뿐이다. 대화 소재를 고를 때 핵심 포인트는 상대가 들어본 적 없는 희귀한 소재를 찾는 것이다.

미국의 심리학자 로버트 프릭Robert Frick에 따르면 사람은 생소한 내용일수록 그만큼 흥미를 느낀다고 한다. 지금껏 한 번도 들어본 적 없는 내용이라면 정말 흥미롭지 않겠는가?

한 소설가는 신문을 읽을 때 누구의 눈길도 닿지 않을 듯한, 구석 한편에서 존재감을 드러내지 않는 기사를 중심으로 읽는다고 한다. 당연히 그 목적은 귀한 소재를 손에 넣기 위해서일 것이다.

신문 1면에서 크게 다뤄진 내용은 결국 모두가 알고 있기에 흥미를 끌지 못한다. 대화 소재를 수집할 때는 아무도 알지 못할 만한 내용을 준비하자. 마니아들이 읽는 잡지나 만화, 업계지, 심야 프로그램 등은 이야깃거리가 가득 담긴 보물창고가 될 것이다. 색다른 업계에서 일하는 친구가 있다면 그 친구의 이야기도 충분히 귀한 소재가 된다.

참고로 심리학이라는 학문을 무척 좋아하는 나는 해외에서 출간하는 심리학 학회지를 주로 읽는다. 심리학자라면 모를까, 보통 사람들은 이러한 학회지는 절대 읽지 않기에 누구도 손에 넣지 못하는 정보를 얻을 수 있다.

최근에 읽은 논문에서는 장거리 연애를 할 때 오히려 좋은 관계가 유지되며, 장거리 연애를 끝내고 가까운 곳에 살게 되면 커플 중 3분의 1이 3개월 이내에 헤어진다는 내용이 실려 있었다(오하이오주립대학교 로라 스탠퍼드 박사). 이 같은 정보는 장거리 연애를 하는 사람들과 이야기할 때 좋은 소재가 된다.

독자 중에 남들과 대화가 어려운 사람이 있다면 대화법이 잘못된 것이 아니라 애초에 소재가 시시했을 가능성을 점검해보자. 무기가 될 만한 소재를 준비할수록 능숙한 대화를 기대할 수 있다.

마음에 드는 문장은 통째로 외워라

"내가 좋아하는 《빨강머리 앤》에 이런 말이 있어."

'생각대로 되지 않는다는 건 정말 멋지네요.
생각지도 못했던 일이 일어나는 걸요.'

연설의 달인으로 알려진 원스턴 처칠Winston Churchill은 순간적으로 받아치는 능력을 키우기 위해 몇천 수가 넘는 시를 외웠다고 한다. 머릿속이 텅 빈 상태로는 재치 있는 표현이 어렵다. 재치 있게 말하고 싶다면 재치 있는 문장을 통째로 외워야 한다. 이러한 수고가 당신의 무기가 된다.

과거에는 아이들에게 고전을 음독하는 연습을 시켰다. 의미는 모르더라도 일단 소리 내어 읽으며 《논어》 등을 모조리 암기한 것이다. 어릴 적 외운 내용은 어른이 되어서도 잊어버리지 않기에 지적인 이미지의 어르신들은 평소 대화에서 《논어》의 한 구절을 인용하는 등 멋스러운 대화가 가능했다.

　　이는 지금도 마찬가지다. 평소에 읽었던 책이나 영화, 드라마에서 마음에 드는 문장을 외워두면 대화 중에 적절하게 인용을 하면서 대화의 질을 높일 수 있다.

　　또한 대화를 나누다 보면 그 사람의 독서량이 어느 정도인지 파악할 수 있다. 평소 책을 많이 읽은 사람과 이야기를 나누면 보통 사람에게서 듣지 못하는 재치 있는 표현을 간간이 들을 수 있다. 반대로 책과 거리가 먼 생활을 하는 사람은 아무래도 표현력이 빈곤하다.

　　나는 "대박"이나 "실화냐?" 같은 젊은 사람들이 사용하는 말에 거부감이 드는데, 제대로 책을 읽는 사람이라면 좀 더 바른 표현을 사용할 것이다.

독서량은 말투에도 고스란히 드러난다.

조지아공과대학교의 에릭 로하스Eric Rolfhus 연구원에 따르면 그 사람의 지식 정도와 언어능력은 비례한다고 한다. 일반적으로 지식이 많을수록 대화 능력이 뛰어나다. 아이들도 마찬가지로 평소 책을 즐겨 읽는 아이는 표현력이 풍부하고 정확하지만 책을 자주 읽지 않는 아이는 자기 생각을 제대로 표현하지 못한다.

당연한 이야기겠지만, 풍부한 교양이 뒷받침된 지식을 갖춘 사람은 그 지식을 말로 표현할 줄 안다. 따라서 언어능력도 향상된다. 반면 교양이 부족하다면 적절한 표현도 재치 있는 말도 담아내지 못할 것이다. 대화 능력은 지식 정도와 비례하기 때문이다.

서점에 가면 명언집이나 격언집을 찾을 수 있고, SNS를 하면서 마음에 드는 글귀나 표현을 볼 수도 있다. 그렇다면 마음에 드는 문장을 통째로 외워보자. 대화 능력이 믿기 힘들 만큼 향상되고 교양이 묻어나는 말투도 익힐 수 있을 것이다.

색안경을 끼고
상대를 평가하지 마라

"반대로 생각하면 나를 싫어하는 사람을
좋아하긴 어렵지 않을까?"

"그래서 나는 사람의 좋은 면부터 보려고 노력해."

즐거운 대화는 어떻게 이루어질까?

잠시 생각해보면 알겠지만, 당연히 상대에 따라 달라진다. 자신이 좋아하고 존경하며 친근감을 느끼는 상대와의 대화는 즐겁다. 대화는 독립적으로 존재하는 것이 아니라 상대와 관계를 맺을 때 성립하기 때문이다.

상대와 관계가 좋다면 아무리 하찮은 이야기라도 즐겁지

만 심리적으로 꺼려지는 상대와 나누는 대화는 아무리 흥미로운 주제라도 즐겁지 않다. 다시 말해, 즐겁게 대화를 나누고 싶다면 우선 상대와 원만한 관계를 맺어야 한다.

이때 꼭 기억해야 할 것이 불필요한 색안경을 끼고 상대를 평가해서는 안 된다는 사실이다.

"난 가방끈이 긴 사람은 싫어."
"난 나보다 나이 많은 사람은 불편하다니까."
"난 도무지 이성과는 친하게 지내지 못하겠어."

이렇게 색안경을 낀 상태로 상대를 바라본다면 좋은 관계를 맺을 수 없다.

상대가 고학력에 연장자이고 이성이라는 사실만으로 대화가 활기를 잃는다면, 이때는 상대에게 원인을 찾기보다 색안경을 끼고 상대를 바라보는 자신을 탓해야 한다.

'요즘 내 눈에 차는 사람이 없어'라는 생각이 든다면 슬슬

시력을 점검해볼 때다. 색안경을 끼고 상대를 평가하는 한 누구에게도 호감을 얻을 수 없기 때문이다.

심리학에는 내가 상대를 좋게 평가하면 상대도 나를 좋게 평가한다는 '상호성 법칙'이 있다.

내가 먼저 상대에게 100점을 주면 '그럼, 나도'라는 생각에 상대도 나에게 100점을 준다. 하지만 반대로 내가 상대에게 20점을 주면 상대에게서 돌아오는 점수 또한 20점에 불과하다.

코네티컷대학교의 데이비드 케니David Kenny 박사는 학생 8명을 한 그룹으로 하여 8주 동안 서로를 마주 보고 다양한 주제의 이야기를 나누게 하는 실험을 진행했다. 대화를 마친 뒤에는 서로에게 점수를 매기며 매주 점수가 어떻게 변화하는지 살펴봤다. 그러자 예상치 못한 결과가 관찰됐다.

첫 주에 A가 B에게 80점을 주자 둘째 주에는 B가 A에게 80점을 주는 식으로 서로를 평가하는 점수가 비슷해졌다. 그야말로 '상호성 법칙'에 딱 들어맞는 결과였다. 이 실험을 통해 내가 상대에게 호감을 보이면 상대도 나에게 호감을 보인다는 사실이 밝혀진 셈이다.

내가 만나는 모든 사람에게 먼저 100점을 주자. 그러면 상대도 나에게 100점을 줄 것이다.

당신이 행복하면
상대도 분명 행복하다

"당신과 이야기를 하면 행복해지는 기분이 들어요.

당신의 행복이 전염되는 느낌이랄까?"

대화란 결코 일방통행이 아니다. 상대가 있기에 성립하는 것이다.

어느 한쪽이 긴장을 하거나 어색해하면 다른 한쪽도 같은 감정을 느낀다. 반대로 내가 즐겁게 대화를 나누면 상대 역시 즐거워지면서 대화 분위기는 점점 무르익는다.

미국 서던메소디스트대학교의 다니엘 하워드Daniel Howard 교수는 평균연령 38세인 여성을 2명씩 짝지어 대화를 나누게 하는 실험을 진행했다. 이 실험에서 그는 말하는 사람이 즐거워하면 듣는 사람도 즐거워진다는 사실을 밝혀내고 이를 '감정 전염 효과'라고 이름 붙였다.

감정은 서로에게 전염되는 성질이 있다.

회식 자리에서 따분한 표정을 짓고 있으면 그 자리에 참석한 다른 사람들도 흥미를 잃으면서 분위기는 가라앉는다. 감정이 전염되기 때문이다. 반대로 자신이 앞장서서 분위기를 띄우며 즐겁게 술을 마시면 함께하는 동료들도 점점 분위기에 녹아들면서 회식은 고조된다.

대화에 능숙한 사람이란 무엇보다 줄곧 유쾌한 감정을 유지하는 사람을 말한다.

나는 늘 기분 좋은 듯이 생글생글 웃으며 지낸다. 함께하는 사람들과 즐겁게 일하기 위한 나만의 전략이랄까. 내가 행복하면 상대에게도 행복한 감정이 전달된다는 감정 전염 효과를 기대하기 때문이다.

대화의 주제도 물론 중요하겠지만, 그보다 더 중요한 점은 '자신이 얼마나 기분 좋게 지내느냐'이다.

이는 매우 중요한 법칙이다. 철학이나 사상 같은 난해한 주제도 내가 즐겁게 이야기하다 보면, 설령 상대가 대화 내용을 전혀 이해하지 못하더라도 대화에 흥미를 느낄 것이다. 말하는 사람의 감정이 듣는 사람에게 전염되기 때문이다.

대학 시절 자신의 연구과제에 진심으로 애정을 느끼거나 내가 정말로 존경하는 교수님의 수업을 들을 때면 무척 즐거웠던 기억이 있다. 수업 내용은 기억나지 않지만 웃으며 강의하던 교수님의 모습은 지금도 생생하다.

참고로 늘 즐거운 마음으로 지내려면 평소 생활습관도 중요하다. 수면이 부족하고 몸이 지쳐 있거나 건강에 좋지 않은 음식만 먹는다면 아무리 애써도 기분은 가라앉게 되고, 불편한 감정은 대화에 드러나기 마련이다.

수면 시간을 제대로 확보하고 적당히 운동하며 건강하게 생활한다면 몸도 좋아지고 언제나 즐거운 마음을 유지할 수 있다.

대화를 즐기고 싶다면 평소 생활습관부터 되돌아봐야 한다.

당신이 웃으면
상대도 따라 웃는다

"하하하~ 당신 정말 재미있군요~."

"이런 반응은 처음이에요. 하하하~"

위스콘신대학교의 제럴드 커프칙Gerald Cupchik 박사는 한 실험에서 88명의 대학생을 모아놓고 만화책을 읽게 했는데, 그중 절반에게는 헤드폰에서 흘러나오는 웃음소리를 들으며 읽게 했다. 그리고 만화책이 얼마나 재미있었는지 묻자 웃음소리를 들으며 읽은 그룹에서는 만화책에 대한 평가가 높았다고 한다.

우리는 다른 사람의 웃음소리를 들으면 덩달아 기분이 좋아진다. 이유는 알 수 없지만 따라 웃게 된다.

캐나다 칼턴대학교에서도 비슷한 실험을 진행했다. 이 실험에서는 실제로 매우 재미없는 콩트를 실험 소재로 사용했는데, 마찬가지로 헤드폰을 통해 다른 사람의 웃음소리를 들려주자 참가자들이 따라 웃는다는 사실을 밝혀냈다.

독자 중에도 친구가 박장대소하는 모습에 자신도 모르게 따라 웃어본 적이 한두 번 있을 것이다. 평소 잘 웃는 나에게는 흔한 일이지만 누구나 비슷한 경험이 있을 것이다.

사람들과 즐겁게 대화하는 비법은 나부터 웃는 것이다. 내가 환하게 웃으면 상대도 따라 웃으면서 모두가 즐거운 기분이 된다. 내가 깔깔대고 웃으면 그 모습을 본 상대도 우스워지면서 따라 웃게 되고 모두가 즐거운 마음이 된다.

"이 얘기가 뭐가 재미있다는 거지?"라고 말하며 웃는다. 어이없어서 웃고 마는 것이다.

앞서 우리의 기분이나 감정이 전염된다고 이야기한 것처럼 '웃음' 역시 전염된다.

가족 중 누군가가 방귀를 뀌면 딱히 우스운 일이 아닌데도 가족 모두가 깔깔대고 웃는다. 가족 중 한 명이 웃음을 터뜨리면 그 모습을 본 다른 사람도 따라 웃기 때문이다.

방청객의 웃음을 유도하기 위해 방송국에서는 박수부대를 동원하기도 한다. 이러한 박수부대를 바람잡이라고 하는데, 사람들에게 따라 웃는 습성이 있기에 바람잡이도 존재할 수 있다.

상대를 즐겁게 하고 싶다면 나부터 웃어야 한다. 아무리 재미없는 이야기를 하더라도 크게 웃을 수 있는, 잘 웃는 사람이 되자.

나는 사랑받아 마땅한 사람이라는 에너지를 내뿜자

'준비는 완벽해. 최고의 반응을 즐겨볼까!'

"안녕하십니까? 이번 발표를 맡은 ○○○입니다."

나는 '마음가짐'이나 '마음씨' 같은 말을 무척 좋아한다. 마음가짐에 따라 어떤 일이든지 헤쳐나갈 수 있다고 믿기 때문이다.

사람을 만날 때도 마음가짐이 중요한데, '내가 상대에게 사랑받을 수 있을까? 미움받는 것은 아닐까?'라며 신경 쓰는 소심한 사람은 대개 사랑받지 못한다.

사랑받고 싶다면 '내가 사랑받지 못할 이유는 없어!'라고 단단히 마음먹은 뒤 사랑받기 위한 에너지를 마구 내뿜어야 한다. 온몸으로 에너지를 발산하는 것이다.

무척 비과학적인 말처럼 들릴지 모르겠지만 절대 그렇지 않다. 스스로 사랑받기 위한 에너지를 내뿜으면 상대에게 영향을 미칠 수밖에 없다. 또 신기하게 상대도 나의 매력에 빠져든다.

캐나다 맥길대학교의 버나드 그래드Bernard Grad 교수는 보리 씨앗을 통해 이러한 에너지의 존재를 확인하는 실험을 진행했다. 그래드 교수는 물이 담긴 동일한 유리잔을 2개 준비한 뒤 유명한 심리치유사에게 부탁해서 한쪽 유리잔에만 "잘 자라렴, 건강하게 자라야 한다"라며 희망의 메시지를 전하게 했다. 그리고 준비한 보리 씨앗을 양쪽 유리잔에 넣었다.

결과는 어떻게 되었을까?

7주가 지나자 희망의 메시지를 들으며 자란 씨앗은 빠르게 성장하며 건강하고 선명한 초록색 싹을 틔웠다. 더욱더 흥미로운 사실은 그래드 교수가 똑같은 유리잔에 보리 씨앗을 넣은 뒤 중증우울증 환자에게 말을 걸게 했더니 보리 씨앗이 제대로 성장하지 못했다고 한다.

식물마저도 인간이 내뿜는 에너지와 믿음, 바람 등에 영향을 받는다. 하물며 인간은 어떠할까? 영향을 받지 않는다고 말할 수 있을까?

심리학 분야에서는 잘 알려진 사실인데, 부모가 자신의 아이를 천재라고 믿으면 그 아이는 실제로 머리가 좋아지고, 모든 운동을 잘한다고 믿으면 정말로 운동에 재능을 보이는 아이로 성장한다고 한다. 부모의 믿음(이자 바람)이 아이에게 영향을 미치는 것이다.

사람을 만날 때도 '날 좋아할 거야', '좋아하지 않을 리가 없지'라는 마음가짐으로 상대를 대하는 것과 '어차피 날 싫어할 게 뻔해'처럼 자신 없이 대하는 것은 확연히 다른 결과를 낳는다.

스포츠 세계에서도 '오늘은 왠지 이길 것 같은데'라고 생각하면 어깨에 힘이 빠지면서 부담 없이 경기에 임할 수 있다. 그 결과 실제로 경기에 이기기도 한다. 반대로 '오늘을 왠지 질 것 같아'라고 생각하면 제대로 힘을 쓰지 못한 채 정말로 경기에 패하는 일도 있다.

대화도 마찬가지다. '오늘은 왠지 기분 좋게 이야기할 수 있을 것 같아'라고 생각하면 자연스럽게 긴장이 풀리면서 편안한 분위기 속에서 대화를 나누게 된다. 그 결과 상대에게도 쉽게 호감을 얻는다.

말에만 의존하지 마라.
적절히 손을 사용하라

"정말 최고입니다! 최고"

"이렇게 완벽하다니, 가슴이 벅차오릅니다!"

대화할 때는 '손'을 적절히 사용해보자.

이를테면 "이렇게 큰 물고기가 잡혔다니까요"라고 말할 때는 양손을 크게 벌리는 듯한 몸짓을 추가하는 것이다. 그러면 물고기의 크기가 상대방에게 제대로 전달되어 인상에 남는다.

"○○씨처럼 멋진 분과 함께 있으니 이상하게 설레는데

요"처럼 칭찬할 때도 손을 가슴에 대면 실제로 가슴이 두근거리는 모습을 상대에게 전달할 수 있다.

축구 경기에서는 손을 사용하는 것이 금지되어 있지만 실력이 뛰어난 프로 선수들은 하나같이 손을 사용하는 데 능숙하다. 상대가 접근하지 못하도록 손으로 상대를 밀쳐내는 등 노련하게 손을 사용하는 것이다.

대화가 능숙한 사람 역시 손을 쓰는 데 능숙하다.

대화의 달인은 결코 말에만 의존하지 않는다. 적절히 손을 사용해 자신이 하고 싶은 말, 들어주기 바라는 말을 상대에게 전한다. 손을 사용하는 것에 노련해지면 상승작용이 일어나 단순히 말로만 설명할 때보다 쉽게 전달할 수 있다.

만담가는 손(이나 부채)을 사용해 다양한 사물을 표현하는데, 만담가뿐 아니라 우리도 평소 익혀두면 유용한 기술이다. 친구와 소리 내지 않고 침묵의 대화를 하는 훈련을 통해 손짓 표현을 익혀보자.

손은 또 하나의 대화 도구다.

강연 중에 참가자에게 말하지 않고 손짓만으로 상품을 설명하게 한 적이 있는데, 한 수강자가 '저도 이 상품을 정말 좋아합니다'라는 표현을 손으로 능숙하게 설명했다.

손가락으로 OK 사인을 하며 방긋 미소 지어 보인 것이다.

손짓 표현에 대해 한 가지 조언하면 되도록 과장되게, 지나치다고 생각될 정도로 크게 표현하는 것이다. 작고 두리뭉실하게 표현하지 말고 천천히 큼직큼직하게 표현하는 것이 핵심이다.

하버드대학교의 다나 카니Dana Carney 교수에 따르면 몸짓을 크게 하면 그 모습을 본 상대는 나를 활력이 넘치는 사람, 지위가 높은 사람으로 평가한다고 한다. 다나 카니 교수는 이를 '파워 포즈Power pose' 이론이라 부른다.

어차피 손을 사용하기로 마음먹었다면 과장되게 표현하는 것이 자신의 평가를 높이는 데 도움이 된다.

상대의 눈을 바라보며
여운을 남기자

"네, 어떤 말씀인지 이해했습니다.

그럼…… 바로 처리하겠습니다."

대화할 때는 상대의 눈을 봐야 한다. 상대의 눈을 바라
보며 이야기할 때 상대에게 더 많은 호감을 줄 수 있기 때
문이다.

오하이오주립대학교 마이클 라크로스Michael LaCrosse 박
사의 실험에 따르면 대화 시간의 80% 정도 상대와 눈을 마

주쳤을 때와 40% 정도만 마주쳤을 때를 비교했더니 상대가 느끼는 매력이 2배 이상 차이가 났다고 한다.

부끄러워하지 말고 당당히 상대와 눈을 마주치자.

이때 생글생글 미소 지으며 바라본다면 더 좋다. 무표정한 얼굴로 상대를 본다면 화가 났다고 오해받을 수 있으니 미소를 잃지 않아야 한다.

대화할 때 상대의 눈을 봐야 한다는 사실은 기본 예의로 독자 여러분도 잘 알고 있을 것이다. 다만 법칙을 하나 더 추가한다면 대화가 끝난 뒤에도 몇 초간 더 상대의 눈을 바라봐야 한다는 것이다. 이 법칙은 기존 비즈니스 매너 서적에는 없는 내용이기에 모르는 사람도 많을 것이다.

자신의 이야기가 끝났다고, 또는 상대가 이야기를 끝냈고 획 하고 바로 고개를 돌려서는 안 된다. 상대가 이야기를 끝냈더라도 몇 초간 좀 더 상대의 눈을 바라보며 여운을 남기는 것이다.

어느 날 백화점에서 쇼핑하는데 남자 점원의 행동이 왠지 쌀쌀맞다는 생각이 들어 잠시 매장에 머물며 점원을 관찰해 보기로 했다. 손님을 대하는 태도는 나쁘지 않았지만 어딘지 불친절해 보여서 심리학자로서 관심이 간 것이었다.

잠시 점원의 모습을 지켜보니 그 이유를 알 듯했다.

남자 점원은 손님에게서 눈을 떼는 시간이 빨랐다. 물건을 포장하거나 계산할 때는 상냥하게 쳐다보지만, 상품을 고객에게 전달한 뒤에는 바로 휙 하고 고개를 돌려버렸다. 2~3초만 더 쳐다본다면 완벽했을 텐데 말이다.

호텔 프런트에서 일하는 직원 중에도 고객에게서 눈을 떼는 시간이 빠른 사람이 많다.

일 때문에 호텔에 머무는 일이 많은데 프런트 직원 때문에 불쾌해질 때가 종종 있다. 체크인할 때나 체크아웃할 때 직원들은 컴퓨터 화면만 볼 뿐 내 얼굴을 쳐다보지 않기 때문이다.

바쁘거나 붐비는 상황이었을 수 있다. 다만 고객에게서

얼굴은 돌린 채 컴퓨터 화면만 보는 행동을 어떻게 이해해야 할까? 물론 열쇠를 건넬 때나 계산할 때는 쳐다보지만, 금세 컴퓨터 화면으로 얼굴을 돌려버린다. 시간으로 따지면 1초 정도다. 너무 짧다고 생각하지 않나? 몇 초간 더 쳐다보며 여운을 남기면 좋을 텐데 말이다.

상대의 눈을 바라보는 행동은 마음을 나누는 데 매우 효과적인 작전이다. 이 작전을 활용하지 않다니 무척 안타까울 뿐이다. 상대에게 호감을 얻고 싶다면 상대의 눈을 보고 이야기하고, 다소 길다고 느낄 정도로 상대와 눈을 마주치도록 해야 한다.

최우선 과제는
'상대를 어떻게 기쁘게 할 것인가'다

"이렇게 수정이 가능할까요?"

"그럼요. 일단 수정해보고 결정하시죠."

대화의 최대 목표는 상대에게 호감을 얻는 일이다.

나는 상대를 기쁘게 하고 즐겁게 하는 일이 대화의 최종 목표이자 최대 목표라고 믿고 있다.

사람들은 왜 대화를 주고받는 것일까?

인간관계를 원만히 하고 더욱더 가까워지기 위해서일 것

이다. 즉, 친밀감을 쌓기 위해서이다. 그렇다면 친밀감 쌓는 일을 최우선 과제로 생각해야 한다.

어떻게 하면 상대에게 호감을 얻을 수 있을까?

힌트는 상대가 무슨 말을 하든지 무턱대고 반대하지 않는 것이다. 상담심리학에서는 이를 가리켜 '무조건적 수용'이라고 말한다. 상대의 말을 우선 무조건적으로 수용하는 것이다.

무조건적 수용을 위해서는 기술이 필요하다. 어떤 이야기를 듣거나 질문을 받더라도 철저하게 '예스맨'이 되어야 한다. 예스맨이라고 하면 듣기 거북할지도 모르겠지만 이보다 더 나은 방법은 찾기 힘들 정도로 훌륭한 방법이다.

"괜찮은 영화 개봉하던데 어때?"
"그래, 좋지."

"사과 따러 가지 않을래?"
"와, 재밌겠다. 가자."

"나 주말에 이사하는데."

"그럼 내가 도와줘야지."

"꽤 괜찮은 책이 있는데."

"그래, 나도 읽어보고 싶다."

실제로 해보면 알겠지만 예스맨으로 일관하는 일은 무척 힘들다. 상대의 의견이나 감상에 말을 더하지 않고 상대의 가치관을 있는 그대로 받아들이는 일에는 어마어마한 인내력이 필요하기 때문이다. 따라서 훈련이 필요하다.

'상대가 무슨 얘기를 하든지 '예스'라고 대답하면 된다고? 별로 어렵지 않을 것 같은데.' 이렇게 생각하는 사람은 한번 해보기 바란다. 하루아침에 익힐 수 있는 간단한 기술이 아니라는 사실을 깨달을 수 있을 것이다.

이스턴켄터키대학교의 로즈메리 램지Rosemary Ramsey 박사는 최근 자동차를 구매한 500명에게 설문지를 보내 왜 이

판매원에게 자동차를 구매하기로 했는지 물었다. 주목할 결과는 판매원이 고객의 이야기를 진지하게 듣고 고객의 요구를 반영해줄수록 구매율이 높았다는 사실이다.

유능한 판매원이란 말을 잘하는 사람이 아니라 말을 잘 들어주는 사람이다.

자신의 가치관을 배제한 채 상대의 요구를 들어주기란 쉬운 일이 아니다. 보통 사람들은 잘하지 못한다. 이러한 행동이 가능해지면 누구에게나 신뢰받는 사람이 될 수 있다.

솔직히 말하면, 나는 상대의 이야기를 가만히 듣지 못한다. 상대가 뭔가를 말하면 꼬투리를 잡고 싶어져서 철저한 예스맨이 될 수 없다. 이래서는 안 되겠다는 생각에 개선해보려고 하지만 쉽지 않다.

분명 독자 여러분도 나와 다르지 않을 것이다. 상대에게 좀처럼 호감을 얻지 못한다면 아직 예스맨이 되지 못했기 때문일 것이다. 나 역시 마찬가지지만 더 많은 노력이 필요하다.

신속한 대답은
좋은 인상을 남기는 열쇠다

"주말에 소풍 한번 갈까요?"

"좋아요. 안 그래도 교외에 나가고 싶었거든요."

대화에서 중요한 것은 타이밍이다.

타이밍은 상대의 말에 얼마나 빠르게 반응하느냐에 따라 결정된다. 상대의 대화 속도에 맞춰 추임새를 넣으면 대화에 리듬감이 생기면서 대화 분위기는 좋아진다.

'쿵! 하면 짝!'이라는 말은 대화가 원활히 이루어짐을 의

미한다. 반응이 느리면 상대가 답답해할 수 있으니 주의해야
한다.

서로 맞물리지 않는 대화는 반응하기까지 '틈'이 생길 수
있다. 다음의 예처럼 틈이 생기지 않도록 해야 한다.

"있잖아, 점심에 산뜻한 음식을 먹고 싶은데."
"어, 뭐. 점심? 아, 점심…"

"초밥은 어때? 초밥 괜찮지?"
"어, 응. 초밥? 초밥 말이지…"

이렇게 대답하면 상대를 불쾌하게 만들고 결국 상대에게
서 멀어지게 된다.

캘리포니아대학교의 콘스탄스 해먼Constance Hammen 박
사는 동성 또는 이성과 5분 동안 잡담을 나누게 했을 때 반
응이 늦거나 대답이 모호하고 불분명할수록 상대에 대한 호

감도가 떨어진다는 사실을 밝혀냈다. 특히 이성일 경우 호감도는 급격히 하락했다.

반응을 보일 때는 무엇보다 속도가 중요하다.

모처럼 말을 걸어주었으니 재빨리 반응해야 한다. 물론 엉뚱하게 반응하면 안 되겠지만, 대답하기까지 불필요한 '틈'이 생기면 곤란하다.

상대가 웃기려고 일부러 농담했는데 2~3초가 지나서야 "하하하" 하고 웃는다면 상대의 기분이 좋을 리 없다. 분명 눈치 없는 사람이라고 생각할 것이다. 반응속도가 느리기 때문이다.

메일 역시 반응이 느린 사람은 그다지 좋은 평가를 받지 못한다. 메일을 받고 시간이 한참 지난 뒤에 답장을 보내는 사람이 있다. 비즈니스 메일이라면 그날 안으로 답장하는 것이 당연한데도 느린 경우 일주일이 걸리기도 한다.

대화도 마찬가지다. 답 메일을 늦게 받고 기뻐하는 사람이 없듯이 모처럼 말을 걸었는데 바로 반응이 돌아오지 않으면 그 사람과 주고받는 대화를 즐기기 힘들다.

리듬감 있게 신속하게 대답하면 쾌활한 사람으로 평가받는다. 밝고 명랑한 사람은 이러한 반응을 보이기 때문이다.

상대가 어떤 의도로 말했는지, 의미하는 바를 신중하게 파악하지 않아도 된다. 다소 빗나간 대답이라도 빠르게 반응하는 것이 좋은 인상을 남길 수 있다.

말이 바뀌는 사람은
신뢰할 수 없다

"말씀드린 대로 오늘 오전에 자료 보냈습니다.

그럼 빠른 검토 부탁드립니다."

상대에게 신뢰받고 싶다면 일관되게 발언해야 한다.

손바닥 뒤집듯이 매번 말이 바뀌는 사람은 신뢰할 수 없다.

외근에서 돌아와서 "다녀왔습니다"라며 활기차게 인사했

더니 "그건 보면 아는 거잖아"라며 무안을 준 상사가 있다.

한 번 무안을 당했기에 이번에는 말없이 제자리로 돌아가려

고 하는데 "돌아왔으면 인사 정돈 해야지!"라며 꾸짖는 상사

를 당신은 신뢰할 수 있는가?

당연히 신뢰할 수 없을 것이다. 그날 기분에 따라 쉽게 말이 바뀌기 때문이다.

'신뢰'나 '신용'은 자신의 발언에 책임을 지고 한 번 입 밖으로 내뱉은 말은 바꾸지 않는 데서 출발한다. 신뢰받는 사람은 아무리 하찮은 일이라도 자신이 한 약속은 지키려고 한다.

독일의 그라이프스발트대학교에서 매우 흥미로운 실험을 진행했다. 실험을 진행한 브리타 레너Britta Renner 박사는 평균연령 45세인 604명에게 건강검진을 2회 받게 한 뒤 콜레스테롤 수치를 측정했다. 이는 거짓 검사였는데, 절반에게는 두 번 모두 같은 수치를, 남은 절반에게는 1회와 2회 검사에서 전혀 다른 수치가 나왔음을 알렸다.

그 후 레너 박사는 "당신은 이 건강검진 결과를 어느 정도 신뢰합니까?"라고 물었는데, 1회와 2회에서 다른 결과를 받아든 사람들에게서 한결같이 "왠지 신뢰할 수 없다"라는 답변이 돌아왔다.

검사할 때마다 결과가 바뀐다면 검진 결과의 타당성에 의구심을 품게 된다. 이는 사람을 평가할 때도 마찬가지다. 말할 때마다 번번이 말이 바뀌면 어떤 이야기를 하든지 의심하게 된다. '다음에 또 말을 바꾸겠지?'라며 믿지 못하게 되는 것이다.

일관되게 말하는 것만으로 사람들에게 신뢰를 얻을 수 있다. 입 밖으로 내뱉은 말은 결코 기분에 따라 뒤엎어서는 안 된다.

"성과를 내지 못하면 가만있지 않겠어"라고 선언했다면 설령 노력하는 모습을 보였더라도 원하는 성과를 내지 못했을 때 "이번 한 번만 봐줄게"와 같은 불필요한 아량을 베풀어서는 안 된다. 제대로 혼내는 편이 오히려 신뢰를 얻을 수 있다.

'할 수 있다'라는
자기암시를 걸어라

'나는 할 수 있다!'

'나는 오늘 최고의 계약을 따낼 것이다!'

자기암시 효과는 매우 강력하다. 대부분 믿는 대로 된다.

수학을 잘 못한다고 생각하면 숫자만 봐도 현기증이 나고, 이성과 대화가 서툴다고 생각하면 이성을 만났을 때 이마에서 진땀이 흐른다. 이는 자신에게 암시를 걸기 때문이다.

이왕 암시를 걸 바에는 기가 막힌 암시를 걸어보자.

'난 누구와도 즐겁게 대화를 나눌 수 있어', '나보다 유머 감각이 뛰어난 사람은 없다니까' 등 최고의 암시를 자신에게 거는 것이다. 암시를 거는 순간 자신을 변화시킬 수 있다.

애리조나대학교의 제프 스톤Jeff Stone 박사는 골프 경험이 없는 대학생을 모아놓고 골프장에서 골프를 치게 했다. 이때 스톤 박사는 절반에게만 "당신은 골프에 재능이 있습니다"라며 거짓 암시를 걸었다.

그 결과는 어떠했을까?

최종 타수를 비교했더니 암시를 들은 참가자가 확실히 높은 점수로 경기를 마쳤다. 참가자 모두 골프 경험이 없었지만 암시를 들은 참가자가 실제로 좋은 성적을 낸 것이다.

암시 효과에 대해서는 의학계에서도 연구가 활발히 진행되고 있는데, 전혀 약효가 없는 약을 "이 약은 효과가 아주 뛰어납니다"라며 믿게 한 뒤에 먹였더니 실제로 병이 나았다는 연구 결과도 있다. 이를 '플라시보 효과'라고 한다.

플라시보란 가짜 약을 의미하는데, 꼭 약이 아니더라도

자신이 효과가 있다고 확신하면 믿는 대로 결과가 나타난다는 것이다. 인간은 매우 단순해서 확신이나 암시가 무척 강력하게 작용한다.

능숙하게 대화를 나누고 싶다면 자기 자신에게 암시를 걸어보자.

"난 많은 사람 앞에서도 훌륭하게 프레젠테이션을 해낼 수 있다."
"난 고객들에게 물건을 잘 판다."
"자기소개만큼은 잘 해낼 자신이 있다."

다시 말해, 용기를 얻을 만한 암시를 평소 자신에게 걸어보는 습관을 기르는 것이다.

자기암시는 대화 능력뿐 아니라 모든 기술을 향상시키는 데 효과적인 방법이다. 문장력을 키우고 싶다면 스스로 글쓰기에 재능이 있다고 믿고, 정리정돈을 잘하고 싶다면 정리 능력이 뛰어나다고 믿으면 된다.

자신에게서 나쁜 라벨은 떼고 좋은 라벨을 붙여 자신을 한껏 뽐내본다. 어느 정도 거만해지지 않으면 익힐 수 있는 기술도 익히지 못할 때가 있기 때문이다.

일단 말하라.
말발은 연습량과 비례한다

"안녕하십니까? 이번 발표를 맡은 ○○○입니다~."

"안녕하십니까? 이번 발표를 맡은 ○○○입니다~."

그림이나 무용, 수영 등 어떤 기술이든지 정말 실력을 쌓고 싶다면 철저히 연습해야 한다. 대충한다면 어중간한 실력에서 멈춘다. 온 힘을 다해 노력하기에 기술을 갈고닦을 수 있는 것이다.

대화도 마찬가지다. 대화 능력이 뛰어나냐 뛰어나지 않느냐는 연습량과 비례한다. 평소 말수가 적은 사람은 대화가 서툴기 마련이다.

직장에서 밝게 대화를 나누는 사람은 가정에서도 대화를 즐기지만, "왔다", "밥 먹자", "자자"밖에 말하지 않는 사람은 직장에서도 역시 대화가 능숙하지 않다.

사람은 연습하지 않으면 능숙해지지 않는다. 사람들과 대화를 나눌 기회가 있다면 그 기회를 충분히 이용해 대화 능력을 키워야 한다. 상대가 주유소 직원이건 전철에서 우연히 옆자리에 앉은 사람이건 한두 마디라도 좋으니 무조건 말을 걸어보자.

'불쑥 말을 걸면 놀라지 않을까?'라며 걱정할 필요는 없다. 이성을 꾀고자 접근하려는 것이 아니다. 단지 세상 돌아가는 이야기를 할 뿐이다.

최근에는 흡연 가능한 곳이 줄면서 흡연자들은 제한된 장소에서만 담배를 피울 수 있다. 애연가인 나도 흡연 구역에서 담배를 피우는데, 혼자서 담배 피우는 사람을 발견하면 말을 건넨다. 전혀 모르는 사이지만 날씨 이야기를 하거나 애연가의 좁아진 입지를 한탄하거나 일단 아무 이야기나 해 보는 것이다. 이렇게 이야기하다 보면 모르는 사람과 대화를 나누는 일이 더는 고통스럽지 않다.

나는 직업상 사람들을 만나 이야기할 기회가 많다. 그래 서 말에는 자신이 있는데, 이는 단지 사람들과 말할 기회가 많아서일 뿐 다른 특별한 비법은 없다. 연습했으니 잘하는 것은 당연하다.

연습을 충분히 하지 않고 대화 능력을 키우겠다는 생각은 욕심일 뿐이다. 테니스 코치에게 "힘든 연습은 하고 싶지 않 은데 실력을 향상시킬 수 있을까요?"라고 물으면 쓴소리를 들을 게 뻔하다.

나 역시 대화 능력을 향상시키고 싶어 하는 독자 여러분 에게 똑같은 조언을 하고 싶다.

"연습도 하지 않은 채 대화 능력을 키우고 싶다니 그런 꿈

같은 일은 기대하지 마십시오. 꾸준히 연습하는 사람만이 결국 가장 먼저 실력을 쌓습니다."

라고 말이다.

플로리다주립대학교의 닐 차네스Neil Charness 박사는 캐나다, 독일, 러시아, 미국 체스 선수의 순위와 각각의 연습량을 조사했다. 그랜드마스터급의 최고 선수들은 체스를 배우기 시작한 처음 10년간 약 5,000시간 정도의 시간을 체스 연습에 할애했다고 한다. 보통 수준의 선수가 약 1,000시간이라고 하니 5배 이상 노력한 셈이다.

대화 능력을 키우고 싶다면 일단 모든 기회를 활용해 말을 걸어보자. 어려운 이론이나 원리 등은 이해하지 못하더라도 대화 능력은 어느새 향상되어 있을 것이다.

말은 필요 없다? 행동으로 보여줘라!

전철에서 어르신께 자리를 양보하려고 할 때 의자에 엉덩이를 걸친 채 "앉으실래요?"라고 물으면 상대를 배려한 어르신은 "아니에요. 괜찮습니다"라고 대답할 게 뻔하다.

자리를 양보할 때는 벌떡 일어서서 조금은 억지스럽게 어깨를 미는 듯한 모습으로 "앉으세요. 앉으세요"라고 말해야 어르신도 "고맙습니다"라며 자리에 앉는다.

사람들에게 친절을 베풀 때는 말뿐만 아니라 행동도 따라야 한다. 다시 말해, 말뿐인 친절이 아니라는 사실을 어필하는 것이다.

누군가가 무거운 짐을 들고 계단을 오르는데 "제가 도와드릴

까요?"라고 물었다면 아직 갈 길이 멀다. 만약 내가 짐을 들고 계단을 오르는 사람을 발견했다면 거의 억지로 빼앗듯이 상대의 짐을 잡아채서는 "위에서 기다리겠습니다"라고 말했을 것이다. 이렇게 행동하지 않으면 상대는 나를 배려해 짐을 맡기지 않기 때문이다.

다른 사람이 떨어뜨린 물건을 주웠을 때는 툭툭 먼지를 터는 듯한 행동을 한 뒤 "여기요" 하고 건네는 것이 좋다. 작은 배려지만 비법이기도 하다.

우리는 사람을 평가할 때 말뿐만이 아니라 행동까지 포함해 평가한다. 말만으로는 속아주지 않는다. 잘 모르는 사람들 평가할 때는 보통 외모(Visual)와 목소리(Voice), 언어(Verbal)를 기준으로 한다. 심리학에서는 이를 각각의 앞 글자를 따 '3V 이론'이라고 부르는데, 가장 중요한 평가 기준은 눈으로 들어오는 정보이고 그다음이 목소리, 마지막이 언어라고 한다.

상대의 눈에 보이는 형태인 몸으로 친절을 보이는 것이 말로 친절을 베푸는 것보다 훨씬 더 중요하다. 물건을 산 뒤에 "고맙습니다"라고 말해도 고객은 기뻐하지 않는다. 불쾌해하지는 않겠지만 "고맙다"는 말은 크게 감동을 주지 못한다.

하지만 점원이 공손하게 고객의 돈을 받은 뒤 거스름돈을 줄 때도 지폐의 앞면이 보이도록 정리하고 동전이 손에서 떨어지지 않게 조심스럽게 고객의 손에 올려준다면 어떨까? 그리고 "고맙습니다. 또 오십시오"라고 말한다면 어떨까? 나라면 다시 그 매장을 방문하고 싶어질 것이다. 말에서뿐만 아니라 행동에서도 점원의 진심이 느껴지기 때문이다.

대화가 능숙한 사람은 결코 말만 잘하는 것이 아니라 이러한 배려 섞인 행동을 연출할 줄 안다. 멋스러운 대사를 외우는 일뿐 아니라 행동으로 보여줄 수 있도록 훈련해둘 필요가 있다.

2장

기초를
탄탄하게 만드는
대화의 기본기

대화는
'시험'이 아닌 '게임'이다

'오늘은 친화력 포인트를 올려볼까?'

"안녕하세요. 처음 뵙겠습니다."

뮤지컬영화 〈메리 포핀스〉에는 주인공인 줄리 앤드류스
가 방 청소를 싫어하는 아이들에게 "청소를 게임이라고 생각
하면 재미있어져. 생각하기 나름이지"라고 말하며 행복한 분
위기를 연출하는 장면이 있다.

대화란 서로를 즐겁게 하는 게임이다. 이렇게 생각하면
대화를 나누는 일이 괴롭지 않다. 오히려 즐거워지면서 '다

음에는 더 높은 점수(좋은 인상을 주는 일)를 받아야지!' 하고 마음먹게 된다. 대화는 게임일 뿐이니까.

반면 '말실수하면 어쩌지, 공손하게 말해야 하는데' 등 대화의 감점 요인을 찾다 보면 상대와 나누는 대화가 '시험'처럼 느껴져 전혀 즐기지 못한다.

대화를 게임이라고 생각하면 어깨에 힘이 빠지고 마음이 편해지면서 대화가 즐거워진다. 좋아하는 게임을 할 때 몸과 마음이 지치지 않는 것은 그 행동 자체가 즐겁기 때문이다.

나 역시 가장 좋아하는 게임을 할 때면 몇 시간이고 계속할 수 있다. 대화도 게임 중 하나라고 생각하기에 몇 시간이고 쉬지 않고 말할 수 있다. 인간은 좋아하는 일을 하면 쉽게 지치지 않는다.

좋아하는 일을 하면 60시간이나 지속 가능하다는 데이터가 있는데, 즐거운 일에는 피로를 잊게 하는 효과가 있는 듯하다. 하지만 대화를 '시험'이라고 생각하면 갑자기 고된 노동처럼 느껴지니 참 신기하다. '괜히 감점 받느니 차라리 가

대화는 게임이다.

만히 있는 게 낫지'라며 한발 물러선 자세를 보이면 대화가
즐겁지 않게 된다.

《여성을 위한 비즈니스 게임론》의 저자인 베티 레한 해러
건Betty Lehan Harragan은 "비즈니스를 게임이라고 생각하면
같은 일을 하더라도 능률이 오르고 즐거워진다"라고 말했다.
하물며 자신이 싫어하는 일을 모두 게임이라고 생각하면 나
름대로 즐길 수 있지 않을까?

육아나 연애, 일, 공부, 물론 대화도 마찬가지겠지만 자신
이 그다지 좋아하지 않는 일을 할 때 '이건 게임이야'라고 생
각하면 괴로움은 줄어들 것이다.

시험과 달리 게임은 몇 번이고 다시 시작할 수 있다. 한두
번의 실수쯤이야 당연한 일로 신경 쓰지 않을뿐더러 게임이
끝나도 계속하겠다고 마음먹으면 몇 번이고 도전할 수 있다.
이런 마음가짐으로 대화 게임을 즐긴다면 머지않아 말솜씨
도 늘 것이다.

원고를 미리 머릿속에 저장해두자

'오늘은 날씨가 좋으니, 날씨 이야기로 시작하자.'

"날씨가 정말 좋네요.
오늘은 날씨처럼 좋은 일만 있을 것 같아요."

"처음 만나는 사람과 무슨 이야기를 해야 할지 모르겠어요"라고 말하는 사람이 있다.

하지만 오히려 처음 만나는 사람이 대화를 나누기에 수월하다.

대개 처음 만나는 사람과 나누는 대화 내용은 웬만큼 정해져 있다. 따라서 백문백답의 원고를 작성해두고 매뉴얼처

럼 외워두면 누구와도 대화가 가능하다. 전혀 어려운 일이
아니다.

시험 보기 전에 과거의 출제 경향을 살펴보면 대략적인 대
책을 세울 수 있는 것처럼 제대로 된 대책을 세운다면 대화가
절대 어렵지 않다.

나 역시 석사과정과 박사과정을 준비하며 과거 10년간 출
제된 문제를 살펴봤는데 매년 거의 비슷한 문제가 나온다는
사실을 알았다.

처음 만나는 사람과 나누는 대화 내용도 시험문제와 마찬
가지로 그렇게 크게 달라지지 않는다. 이름이며 취미, 업무
내용, 가족관계, 학창 시절의 추억 등 거의 정해져 있다. 이
런 질문을 받았을 때 어떻게 대답할지 원고를 작성하고 외워
두면 두려움은 사라지고 처음 만나는 사람과 나누는 대화도
끄떡없다.

처음 만나는 사람과 대화를 나눌 때 긴장된다면 사전준비
가 부족해서일 뿐, '배짱이 없어서'도, '대화 능력이 부족해서'

도 아니다. 단순히 준비가 부족해서다.

외국인과 영어나 프랑스어로 대화하려고 할 때 '이 표현을 써볼까?', '이 문형은 어떨까?' 하고 미리 생각해두지 않으면 초급자의 경우 입도 뻥긋 못 한 채 대화가 끝나버린다.

그러니 대화 원고를 되도록 많이 머릿속에 저장해둬야 한다. 즉흥적인 애드리브로 대화가 가능한 사람도 있겠지만 대개는 불가능하다.

모국어로 말할 때도 재치 넘치는 답변과 상대를 웃기는 농담 등을 최대한 많이 머릿속에 저장해두자. 노력한다면 모르는 사람과 대화를 나누는 일이 그리 어렵지 않다는 사실을 깨닫게 될 것이다.

처음 만나는 사람과 매번 비슷한 내용으로 대화하다 보면 차츰 대화하는 일에 익숙해질 것이다. 같은 일을 몇 번이고 반복하다 보면 두려움이 사라지기 때문이다.

위스콘신대학교의 제인 필리아빈Jane Piliavin 박사는 1,846명의 헌혈자를 분석했는데, 처음 헌혈할 때 불안감이며 긴장감이 컸던 사람도 두 번째, 세 번째 헌혈할 때는 불안감이 크지 않았다고 한다. 16번이나 헌혈한 사람은 처음 하는 사람과 비교해 약 3분의 1 정도의 불안감밖에 느끼지 않았다.

무슨 일이든지 익숙해지면 전혀 두렵지 않다. 처음 만나는 사람과 어떤 이야기를 나눌지 미리 원고를 작성해두고 매뉴얼대로 대화하다 보면 처음 만나는 사람과 이야기하는 일도 익숙해진다. 그 순간까지 노력하는 것이 비법이다.

가장 비슷한 사람은 누구인가?

'○○○ 선배랑 비슷하네…'

"바로 본론으로 들어가도 괜찮을까요?"

'십인십색十人十色'이라는 말이 있다고는 하지만 실제로는 한 사람 한 사람이 크게 다르지 않으며, 크게 몇 가지 유형으로 분류할 수 있다.

따라서 처음 만나는 사람이 아는 사람 중에 어느 유형에 속하는지 생각해보면 별문제 없이 대응할 수 있다.

우선 처음 만나는 사람이 과거에 만난 사람 중에서 누구와 가장 닮았는지 떠올려본다. 몸매며 머리 모양, 목소리 톤 등 닮은 점을 찾아보는 것이다.

'어머, 이 사람 학창 시절 선배랑 닮았네.'
'아, 이 사람은 친구 ○○이랑 성격이 같은데.'

이렇게 아는 사람과 처음 만난 사람의 공통점을 찾아내서 지금까지의 교류 방법을 그대로 적용해본다.

'분명 선배는 칭찬 듣는 걸 좋아했어.'
'그 친구는 차분한 말투를 좋아했지.'
'맞다, 친구는 시간 약속을 중요하게 생각했는데.'

공통점을 찾다 보면 처음 만나는 사람과도 원만한 관계를 맺을 수 있을 것이다.

물론 내가 아는 사람과 처음 만나는 사람은 다른 인물이다. 그래서 알고 지내는 사람과의 교류 방법을 처음 만나는 사람에게 적용할 수 있을지 걱정하는 독자도 있을 것이다. 하지만 걱정할 필요 없다. 몸매, 외모, 말투, 목소리 톤 등이 닮은 사람은 성격 또한 대체로 비슷하기 때문이다.

예를 들어 덩치가 크고 살짝 비만인 사람은 성격이 온화한 편이지만 마른 사람은 대개 성격이 예민하다. 유형이 비슷하면 성격도 비슷하다.

하버드대학교의 로버트 키건Robert Kegan 교수도 자신의 저서에서 나와 비슷한 의견을 제시했다. 인간관계를 원활히 유지하려면 머릿속에 지인 분류표를 작성해놓고 '아, 이 유형은 5년 전에 한 번 만난 적 있어!'라는 식으로 떠올리며 교류하다 보면 인간관계가 원만해진다고 말이다.

또 우리는 처음 만나는 사람에게는 방어적인 태도를 보이기 마련인데, '이 사람은 내 선배야'라며 머릿속에서 이미지를 겹쳐보면 긴장이 풀리면서 상대에게 친근감을 느낄 수 있다. 처음 만나는 사람이지만 이미 친분이 두터운 사람처럼 인식하게 되는 것이다.

지인 중에 비슷한 유형이 없다면 유명인이나 연예인이어도 상관없다. '이 사람은 연예인 ○○이랑 비슷한데'와 같은 닮은 사람을 찾아내 상대를 기쁘게 할 만한 일을 하면 된다.

달변가가 된 것처럼
자신을 연기하라

'나는 최고의 영업자다.'

"우리 회사 최고의 제품에 대해 설명해드리겠습니다."

우리는 연기하는 대로 그 인물이 될 수 있다.

성공한 사람처럼 행동하면 말투부터 걸음걸이까지 당당해지고, 똑똑한 사람처럼 행동하면 실제로 지적이고 교양이 넘치는 사람이 된다.

말을 잘하고 싶다면 달변가가 된 자신의 모습을 상상하며 달변가인 자신을 연기한다. 많은 사람들 앞에서 매끄럽게 대화하는 자신의 모습을 그려본다. 그 모습이 선명하고 강렬할수록 자신이 상상하는 대로 달변가가 될 수 있다.

프로골프 선수였던 아놀드 파머는 10세 때부터 국제 토너먼트 대회에 참가해 플레이하는 선수처럼 연기했다고 한다. 그는 또 토너먼트 대회에서 우승한 뒤 스포츠 캐스터와 인터뷰하는 장면을 상상하며 그 소감을 친구들 앞에서 말했다고 한다.

일리노이대학교의 패트리샤 바워스Patricia Bowers 박사는 80명의 학생 중 절반인 40명에게 '나는 머리가 좋다'는 자기 암시를 걸게 한 뒤 창의력을 측정하는 심리 테스트를 진행했다. 그 결과, 암시를 걸지 않은 그룹과 비교해 37%나 높은 수치가 나왔다고 한다.

암시 효과는 믿기 힘들 만큼 대단한 힘을 지녔다. 싱거운 사람으로 오해를 받을까 봐 고백은 하지 않으려고 했는데, 사실 나는 최고의 심리학자라고 생각하며 이러한 마음가짐으로 책을 쓰고 있다. 스스로 글재주가 뛰어난 천재라고 생각한다. 또 그러한 모습을 상상하면서 실실 웃어가며 집필하고 있다.

자기암시를 걸었기에 200쪽이 넘는 책을 어떻게든 완성할 수 있었다. 자기암시에 기대지 않았다면 '글재주도 없는 내가 감히 책을 쓸 수 있을까?' 하고 불안해했을 것이다. 마음만큼은 대작가라도 된 듯한 기분으로 집필해야 겨우겨우 책을 완성할 수 있다.

이 기술은 나뿐만 아니라 성공한 사람 모두가 구사하는 기술이다. 독자 여러분도 부끄러워하지 말고 되고 싶은 자신의 모습을 상상해보기 바란다.

성공한 사람들은 가난한 시절부터 부자가 된 자신의 모습을 상상하고는 생글생글 웃으며 노력했다. 마음 놓고 되고 싶은 자신의 모습을 떠올리며 즐기기 바란다.

막힘없이 대화를 나누고 싶다면 친구에게 거침없이 이야기하는 자신의 모습을 상상해본다. 이성과 긴장하지 않고 대화를 나누고 싶다면 마치 동성 친구와 이야기하듯이 대화하는 자신의 모습을 떠올려본다. 사람들 앞에서 멋지게 연설하고 싶다면 대규모 강연의 연단에 서서 당당하게 이야기하는 자신의 모습을 상상해보는 것이다.

상상 속에 존재하는 세계라도 되고 싶은 자신의 모습을 떠올리다 보면 즐거워지면서 상상하는 내가 되어야겠다는 의욕이 싹튼다. 그러한 마음이 싹튼다면 최고의 시나리오가 될 것이다.

'말이 서툴다'는 착각을 버려라

'친구들 앞에선 재미있게 이야기하잖아···'

'그냥 남사친이라고 생각하고 이야기하자.'

말하는 것에 열등의식을 느껴서는 안 된다.

말이 서툴다고 생각하면 할 수 있는 말도 못 하게 되기 때문이다.

'말이 서툴다'고 생각하는 사람 중에도 친구나 가족과 함께 있을 때면 별문제 없이 이야기를 나누며 때로는 대화의 중심에 서서 모두를 웃게 하는 일도 있다. 결국 아무 근거도 없이 자신은 말이 서툴다고 믿을 때가 많다. 이것이 열등의 식이다.

열등의식이란 매우 곤란한 존재로, 머릿속에서 제거하지 않으면 능숙하게 대화를 나누지 못하게 된다. 열등의식은 능력이며 재능을 향상시키는 데 방해 요소가 된다.

수학에 열등의식을 느끼는 사람은 수학 공식만 봐도 머리가 아프거나 울렁증을 느끼곤 한다. 이러한 사람은 처음부터 '수학은 이해할 수 없는 분야'라고 믿기에 아무리 책을 읽고 계산 문제를 풀어도 열등의식을 떨쳐내지 못한다.

열등의식은 자기암시 효과가 있다. 이 암시 효과는 매우 강력해서 할 수 있는 일도 할 수 없게 만든다. 인간은 할 수 있다고 믿으면 손쉽게 할 수 있는 일도 할 수 없다고 믿는 순간 할 수 없게 된다. 자기암시가 작용하기 때문이다.

심리학 실험에서도 퍼즐 문제를 풀기 전에 "잘 생각해보면 풀 수 있어요. 다른 학생들도 풀었는걸요"라고 설명한 뒤 풀게 했을 때와 "아마 당신도 못 풀 거예요. 다른 학생도 못 풀었는걸요"라며 풀게 했을 때, 똑같은 문제를 풀게 하더라도 정답률이 달라진다는 사실은 이미 잘 알려져 있다.

처음에 '풀 수 없다'는 잘못된 믿음을 심어주면 정말로 풀 수 없게 되고, '풀 수 있다'는 믿음을 심어주면 정말로 풀 수 있게 되는 것이다.

나는 초등학교 시절 거꾸로매달리기를 못하는 아이였다. 당시 나는 비만아로 '나 같은 뚱뚱한 아이는 절대 철봉에 매달릴 수 없어'라고 굳게 믿었기 때문이다.

이는 완전히 잘못된 믿음이었다. 아무리 뚱뚱한 아이라도 거꾸로매달리기가 가능한데 나는 할 수 있다고 믿지 못한 것이다. 그래서 거꾸로매달리기를 할 수 없었다.

하지만 나에게도 드디어 거꾸로매달리기에 성공하는 날이 왔다. 살이 빠졌기 때문이다. '이제는 해낼 수 있어'라고 확신하자 단숨에 성공한 것이다. 이것이 바로 암시 효과다.

우선 자신의 마음속에 자리 잡은 열등의식을 떨쳐내자. '사람들 앞에서는 말을 잘 못해', '이성과 이야기할 땐 긴장돼' 등 열등의식을 느끼면 대화가 능숙해지지 않는다. 열등의식에서 벗어나는 일은 쉽지 않지만 다음에 이야기할 항목들을 점검해보며 방법을 찾아보도록 하자.

지나친 기대는 버려라

'내가 무슨 유재석도 아니고…'

'그냥 편하게 이야기해야지.'

열등의식에서 벗어나려면 지나친 기대를 버려야 한다.

꿈을 크게 꾼다는 건 바람직하지만 지나친 꿈은 망상에 불과하다. 꿈을 이루지 못하면 결국 크게 실망하고 만다.

영어를 못한다며 고민하는 사람이 많다. 하지만 속내를 유심히 들여다보면 영어 때문에 고민하는 대다수가 원어민처럼 말하는 것을 영어 회화의 기준으로 삼을 정도로 목표를 높게 설정해놓는다. 지나치게 높은 목표를 설정해놓으면 '영어를 못한다'는 사실이 분명 열등의식으로 작용하게 된다.

반면 지나친 기대는 버리고 영어는 인사 정도면 충분하다고 생각하는 사람은 '헬로'나 '땡큐' 같은 단어를 외우는 것만으로도 영어를 할 줄 안다며 만족해한다. 마음을 편히 먹어야 결국 영어도 빠르게 습득할 수 있다.

뉴욕주립대학교의 마빈 골드프리드Marvin Goldfried 박사는 대학생 77명을 대상으로 어떤 사람이 대인관계에서 쉽게 불안감을 느끼는지를 조사했다. 그 결과, 가장 쉽게 불안감을 느끼는 사람은 '자신에 대한 기대가 큰 사람'이었다. 즉, 대인관계에서 '이렇게 하고 싶다', '저렇게 하고 싶다' 등 기대가 클수록 불안감을 느꼈다.

입시에서 '반드시 100점을 받겠어'라며 목표를 높게 설정하면 부담이 되어 평소 실력을 발휘하지 못하게 된다. 시험에 대한 불안감도 점점 커진다. 반면 '70점 정도 받으면 되지'라며 목표를 높게 설정하지 않으면 쓸데없는 불안감은 사라지면서 편하게 시험을 볼 수 있게 된다.

지나친 기대는 열등의식을 낳는다. 대화 나누는 일에 열등의식을 느끼는 사람 대부분이 아나운서나 방송 진행자 같은 전문가와 자신의 화법을 비교하는 탓에 주변 사람들과 비교해 자신의 화법에 손색이 없다는 사실을 깨닫지 못한다.

높은 곳을 보지 말고 먼저 자신과 비슷한 수준의 사람들과 비교하도록 하자. 스키를 처음 배우는 사람이 올림픽에 출전하는 선수와 자신을 비교해서는 안 된다. '왜 난 저렇게 못 타는 거지?'라며 자기혐오에 빠져서는 우울해질 게 뻔하다.

스키를 처음 배우는 사람은 경사면이 완만한 슬로프에서 굴러 눈사람이 된 사람과 비교해야 한다. 이렇게 비교 대상을 낮추다 보면 충분히 열등의식에서 벗어날 수 있을 것이다.

지갑에 현금을 가득 넣어두자

'오늘은 지갑에 현금이 두둑하겠다…'

'현금처럼 자신감도 가득 찬 기분인걸.'

지갑에 돈이 두둑하면 마치 왕이나 귀족이 된 듯한 기분이 든다.

지갑에 돈이 몇만 원밖에 없으면 왠지 불안한 느낌이 들지만, 몇십만 원 정도 들어 있으면 부자가 된 기분이다.

누군가와 이야기할 때 긴장하는 사람이라면 지갑에 현금을 두둑이 넣어두고 지갑을 빵빵하게 만든다. 현금으로 가득 채워진 지갑을 들고 다니는 것만으로도 위풍당당해지기 때문이다. 돈이 있다고 생각하면 심리적으로 여유가 생겨 대화도 원활히 풀어나갈 수 있다.

술집에서 친구들과 한잔할 때 지갑에 돈이 없다면 '계산할 때 돈이 모자라는 건 아닐까?' 하고 신경이 쓰여 술자리를 즐기지 못한다. 돈이 없으면 여유가 사라진다. 또 상대의 이야기가 머릿속에 들어오지 않는다.

"돈은 참 묘해서 사람들에게 자기만족감을 준다."

미네소타대학교의 캐서린 보스Kathleen Vohs 박사의 말이다. 참고로 자기만족감이란 '나는 남들과 다르다'는 특권의식, '난 뭐든지 다 할 수 있다'는 자신감을 포함한 개념으로, 돈을 많이 지니고 있을 때 이러한 감정이 커진다고 한다.

부자에게서는 묵직한 품격이 느껴지는 것은 돈을 지녔다는 사실이 만족감을 주기 때문이다. 반면 가난한 사람은 어딘지 모르게 위축된 분위기를 풍긴다.

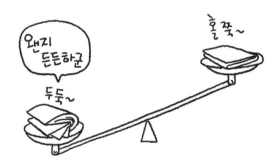

지갑이 두둑할수록 자신감이 커진다.

사람들 앞에서 스피치를 해야 한다거나 회사에 축하할 일이 있어 대표로 축사를 해야 할 때, 즉 특별한 날에는 되도록 현금을 넉넉히 준비해두는 것이 좋다.

물론 지갑에 돈을 넣어두기만 할 뿐 마구 쓰라는 말은 아니다. 돈을 지니고 있는 것만으로 충분하며, 그 사실만으로 효과가 있다. 사용하지 않아도 된다. 단지 부적 대신에 현금을 넉넉히 들고 다니는 것이다.

신용카드는 여러 장 넣고 다녀도 역시 현금의 묵직함은 이길 수 없다. 평소에는 카드를 사용하더라도 특별한 날에는 지갑에 현금을 두둑이 넣어두자. 심적으로 여유가 생길 것이다.

다만 현금을 들고 다니다 잃어버릴까 봐 불안해지는 사람이 있다면 자신이 감당할 수 있는 정도라도 좋으니 일단 현금을 들고 다니도록 한다.

나 역시 새가슴이어서 50만 원 정도면 충분히 세상을 다 가진 듯한 기분이 든다. 얼마를 지녀야 당당해질 수 있는지는 사람마다 다르겠지만 되도록 넉넉히 들고 다니기를 권한다.

상대가 반응할 수 있도록
인사하라

"안녕하세요?"

"저희 초면이지요?"

디즈니랜드에서 일하는 직원은 손님에게 "어서 오십시오"라고 인사하지 않는다. 반드시 "안녕하세요?" 하고 인사말을 건넨다.

"어서 오십시오"라고 말하지 않는 이유는 무엇일까?

인사가 일방통행으로 끝나버리기 때문이다. "어서 오십시오"라는 인사말을 들으면 어떻게 반응해야 할지 모르겠다.

"네, 왔습니다"라고 말하기도 우습다. 그래서 이러한 인사말을 들으면 불편함이 느껴져 어색한 미소를 짓게 된다.

반면 "안녕하세요?"라고 인사하면 손님 역시 "안녕하세요"라고 대답할 수 있다. 직원과 손님이 서로 인사를 나누게 된다. 인사는 양방향이어야 한다. 그렇지 않으면 친밀감을 느끼지 못하기 때문이다.

나는 디즈니랜드를 좋아하는데, 놀이기구를 즐겨서라기보다 그곳에서 일하는 직원들이 반갑게 인사해주기 때문이다.

수많은 회사를 방문하면서 가장 많이 들은 인사말이 "어서 오십시오"다. 분명 정중한 표현이기는 하지만 일방통행으로 끝나버리는 인사여서 어떻게 반응해야 할지 난감할 때가 많다. 가능하면 "안녕하세요?"라고 인사해주면 좋겠다. 나 역시 인사말을 건네고 싶기 때문이다.

가벼운 인사 정도의 대화를 주고받는 것만으로도 친밀감이 쌓이고 상대에게 협조적인 태도를 보인다고 말하는 심리학자도 있다. 노스웨스턴대학교의 리 톰슨Leigh Thompson 박사는 협상하기 전에 잠시라도 협상 참가자들이 서로 대화를 나누면 만나자마자 협상을 시작했을 때보다 협상이 원활하게 이루어진다는 사실을 실험을 통해 확인했다.

상대와 말을 주고받지 않으면 우리는 자기중심적이고 무례하며 차가운 반응을 보이기 쉽다고 한다. 인사를 받고 싶다면 내가 먼저 상대에게 대답을 들을 만한 인사말을 건넬 필요가 있다.

상대와 캐치볼을 하고 싶다면 상대가 받기 쉬운 곳으로 공을 던져야 한다. 일부러 받기 힘든 곳으로 공을 던져서는 안 된다. 인사뿐만 아니라 대화를 나눌 때도 상대가 대답하기 쉬운 질문을 던져야 한다는 사실을 기억하자.

상담은
비슷한 처지의 사람에게 받자

'이 친구는 다이어트 경험이 많으니…'

"나 요즘 스트레스성 폭식 때문에 고민이야…."

연애에 실패하고 나서 결혼한 지 얼마 안 된 친구를 찾아가 고민을 털어놓아서는 안 된다. 독신인 친구가 오히려 진심으로 이야기를 귀담아 들어준다. 같은 고민을 공유하는 사람일수록 서로의 심정을 충분히 이해한다. 그래서 독신인 친구가 상담 상대로 적합하다.

아무리 물건이 많은 채소가게라고 해도 생선은 팔지 않는다. 생선을 사고 싶다면 생선가게에 가야 한다. 목적지를 잘못 선택하면 손에 넣을 수 있는 물건도 손에 넣지 못한다.

"뭘 당연한 얘기를…"이라고 말하는 사람도 있겠지만, 이는 우리가 대화 상대를 선택할 때 흔히 저지르는 실수다.

이직 경험이 한 번도 없는 사람에게 "이번에 회사를 옮길까 해"라고 말한다고 해도 적절한 조언은 들을 수 없으며, 적극적으로 상담해주지도 않을 것이다. "어", "그래" 하며 그저 맞장구를 쳐줄 뿐이다.

상대에게 "왜 내 얘길 진지하게 들어주지 않는 거야?"라고 짜증을 내도 상대를 잘못 선택했으니 어쩔 수 없는 일이다. 이직 상담을 하려면 이직 경험이 있는 사람을 찾아가야 한다.

애초에 상담 상대를 잘못 골랐다. 상대 선택에 실패한 것이다. 상대가 전문상담자라면 모르겠지만, 만약 그렇지 않다면 충분히 상대를 지켜본 뒤에 고민을 털어놓자.

집을 장만하고 싶다면 최근에 집을 구매한 사람을 찾아가야 하고, 육아로 고민 중이라면 역시 아이 키우는 문제로 고민인 사람을 찾아가야 한다.

서로 처지가 비슷하면 상대의 심정을 충분히 이해할 수 있다. 자신도 그러한 처지에 놓여 있기 때문이다.

가난한 사람의 마음은 가난한 사람이 가장 잘 알아주며 부자들은 좀처럼 이해하지 못하는 부분이 있다. 서로 처지가 비슷하면 공감대가 빠르게 형성되어 동질감을 느끼기 쉽다. 또한 대화가 삐걱거리지 않고 서로의 입장에서 편하게 이야기할 수 있다. 대화가 끝난 뒤에는 고민을 털어놓은 데 대한 해방감(전문용어로는 카타르시스)마저 느낀다.

'사람을 보고 설법하라'는 말이 있다. 흥미를 느끼지 못하는 사람에게 설교해봤자 아무 의미도 없다는 말이다. 상담을 받을 때도 마찬가지로 상대를 잘못 선택하면 속마음을 털어놓고도 마음이 홀가분해지기는커녕 씁쓸한 뒷맛만 남는다.

마음의 짐을 내려놓고 싶다면 진심으로 내 이야기를 들어
줄 만한 상대에게 고민을 털어놓는 것이 중요하다.

거절당하더라도
포기하지 마라

"이번 건은 마음에 들지 않네요."

"실례가 되지 않는다면, 이유를 들어볼 수 있을까요?"

자신의 제안이 통과되지 않았다고 낙심할 필요는 없다. 제안이 통과되지 않는 일 따위는 빈번히 일어나기 때문이다.

상사에게 기획서를 제출했더니 상사가 "이 정도로 통과될 것 같은가?"라고 지적했을 때 "그럼 어떻게 수정하면 좋을까요?"라며 논쟁을 벌이다 보면 이 또한 대화력을 키우는 훈련이 된다.

핵심은 상대에게 거절당하더라도 포기하지 않고 의견을 주고받는 것이다. 곧바로 꼬리를 내리지 말고 조금 더 매달려본다. 제안이 통과되지 않더라도 상대와 의견을 주고받으며 대화력과 교섭력을 키울 수 있다면 나에게는 득이 크다.

"죄송합니다. 어디를 어떻게 수정하면 될까요?"

"아이디어 자체가 별로인가요?"

"형식적인 부분을 제외하고 또 어느 부분을 개선하면 좋을까요?"

"제 기획은 도저히 희망이 보이지 않나요?"

다만 거절한 상대와 의견을 주고받을 때는 가급적 자신의 감정이 드러나지 않도록 해야 한다. 흥분한 상태에서는 상대를 비난하는 말투로 바뀌기 때문이다. 냉정함에 냉정함을 더해 은사에게 가르침을 받는 제자의 마음으로 순순히 고개를 숙일 줄 알아야 한다.

사우스오스트레일리아대학교의 나탈리 개넌Natalie Gannon 박사는 자신의 감정을 적절히 통제하는 것을 '감정 매니지먼트'라고 말한다. 상대에게 거절당할 때마다 번번이 낙심하지 말고 평정심을 유지해야 한다.

우리는 어쩌다 자신의 의견이나 제안을 거절당하면 크게 낙심하거나 자존심 상해한다. 하지만 그러한 일로 상처받는다면 인생에 몰아닥치는 거친 파도를 헤쳐나가기 힘들다.

자신의 의견이 정면으로 부정당하더라도 버드나무에 바람 스쳐가듯 흘려버리고 천연덕스럽게 어디가 잘못되었는지 의견을 주고받을 정도가 되어야 한다.

예고 없는 방문은 문전박대당하기 일쑤인데 그때마다 번번이 낙심한다면 영업 일은 지속할 수 없다. 욕설을 듣고 내쫓기더라도 아무 일 없었다는 듯이 며칠 뒤에 다시 방문할 수 있을 정도의 뻔뻔함이 필요하다.

'뻔뻔하다'는 말은 별로 좋은 의미로 쓰이지 않지만, 심리학에서 뻔뻔한 사람이란 정신적으로 단단하며 작은 일에는

꺾이지 않는 사람을 가리킨다. 그러한 사람이 되도록 노력

하자.

자기소개는 자신을 알리는 절호의 찬스다

"클래식을 읽는 여자, ○○○입니다.

저와 함께 클래식의 세계에 빠져보시죠."

명함을 교환할 때 자신의 명함을 건네는 데 그친다면 무척 아쉽다. 모처럼 자신을 알릴 기회인데 그 기회를 살리지 못했기 때문이다.

장담할 수 있다. 자기소개는 길면 길수록 좋다. 그만큼 상대에게 자신을 알릴 수 있기 때문이다. 일 이야기는 잠시 접어두고 내가 어떤 사람인지 알리는 데 전력을 다해보자.

로마대학교의 안토니오 피에로Antonio Pierro 박사는 '데이비드 비안카트'라는 가공의 인물을 소개하는 50자 단문 소개서와 A4 한 장 분량의 장문 소개서를 작성해 각각의 문서를 대학생에게 읽게 한 뒤 신뢰도를 조사했다. 예상대로 장문의 소개서를 읽었을 때 신뢰도가 상승했다는 사실을 확인할 수 있었다.

자신소개를 길게 하면 그만큼 자신을 상대에게 알릴 수 있다.

"처음 뵙겠습니다. ○○사의 △△△입니다."

이렇게 말하면 상대가 얻을 수 있는 정보는 회사명과 이름뿐이다.

"처음 뵙겠습니다. ○○사에서 판매직에 근무하는 △△△입니다. 150명가량의 고객을 담당하고 있습니다."

이렇게 소개하면 자신이 일하는 모습을 떠올리게 할 수 있다.

자기소개의 첫 번째 목적이 자신을 알리는 것인데 이름만 알린다면 상대의 기억에 각인되지 않는다. 매우 특이한 이름이라면 이름 소개만으로 충분하겠지만, 그렇지 않다면 자신을 기억할 만한 키워드를 끼워 넣어야 한다. 상대의 기억에 자신의 모습을 각인시키는 것이 자기소개의 첫 번째 목적이라는 사실을 알아야 한다.

"영업을 담당하는 ○○○입니다." → "매달 구두 한 켤레씩 닳아 없애는 영업 담당 ○○○입니다."

"농업인 ○○○입니다." → "딸기를 키우는 ○○○입니다."

"잡지 기자 ○○○입니다." → "언어의 마술사가 되고 싶은 ○○○입니다."

이렇게 키워드가 될 만한 단어를 끼워 넣는 것이다.

여기서 어필하는 키워드는 '구두를 닳아 없애다', '딸기', '마술사'라는 사실에 주목해야 한다.

이렇게 자신을 소개해두면 다음번에 만났을 때 상대는 "아, 구두를 닳아 없애는 ○○○ 씨죠? 여전히 활발히 영업하고 계시나요?"라는 말을 건넬 것이다. 키워드와 함께 소개하면 반년이 지나든지 1년이 지나든지 기억에 남는 사람이 된다.

모처럼 명함을 교환하는데 자신을 어필하지 못한다면 아무 의미가 없다. 막연하게 자신을 소개해오던 사람이라면 이 효과가 얼마나 대단한지 확인해보기 바란다.

자신을 드러낼수록
상대도 자신을 드러낸다

"○○○ 님은 휴일에 뭐하세요?

저는 요즘 서핑에 꽂혔어요."

앞서 모처럼 얻은 기회이니 자기소개는 길게 하는 편이 좋다고 이야기했다. 이와 관련해 보충 설명을 하자면 명함을 주고받을 때뿐만 아니라 세상 돌아가는 이야기를 할 때도 '내가 어떠한 사람인지'를 어필할 기회가 있다면 그 기회를 적극적으로 활용해야 한다.

내가 나에 관해 이야기할수록 상대도 자신에 대해 이야기하게 된다. 내가 먼저 내 이야기를 꺼내면 상대도 안심하고 자신의 이야기를 꺼내는 것이다. 그러면 서로가 긴장이 풀리면서 친근감이 생긴다.

"전 케이크의 딸기는 마지막까지 남겨둬요."

"○○○ 씨도요? 저도 그런데."

"그럼 일할 때도 까다로운 일을 먼저 해치우시나요?"

"네, 맞아요."

"저랑 같군요. 우린 잘 맞는 것 같은데요."

대화 내내 겉도는 이야기만 하다 보면 서로 가까워질 기회를 얻지 못한다. 어딘가에서 돌파구를 찾아야 하는데 그러려면 먼저 자신을 소재 삼아 조금씩 접점을 찾아가는 것이 효과적이다.

서던일리노이대학교의 진 커닝햄Jean Cunningham 박사에 따르면 상대가 자신의 이야기를 많이 할수록 '그럼 나도 내 이야기를 해야겠다'고 생각한다고 한다. 게다가 사적인 부분까지 이야기하다 보면 서로에게 호감을 줄 수 있다.

나에 관해 이야기한 뒤 "○○ 씨는 어때요?" 하고 관심을 보이면 대부분은 자신에 대해서도 이야기하게 된다. 먼저 마음을 열고 다가서는 상대에게는 경계심을 내려놓기 때문이다.

"○○ 씨는 어떤 스타일을 좋아하세요?"

불쑥 이런 질문을 받는다면 곧바로 대답할 수 있을까? 분명 대답하지 못할 것이다. 하지만 내가 먼저 상대에게 "저는 통통한 체형을 좋아하는데 ○○ 씨는 어때요?"라고 묻는다면 상대도 마음 편히 대답할 수 있을 것이다.

상대가 자신의 사적인 부분까지 이야기하지 않는다면 상대가 비밀주의자여서가 아니라 나에게도 원인이 있는 것이다. 내가 먼저 내 이야기를 꺼내놓지 않았기에 상대도 자신의 이야기를 꺼내지 못한 것이다.

사사로운 일이어도 좋으니 '나'라는 사람에게 흥미를 느낄

만한 이야기를 꺼내보자. 그러면 상대도 자신에 대한 정보를

알려줄 것이다.

마음에 드는 사진을
준비해두자

'골든리트리버는 어쩜 이리 천사 같을까…'

'너는 정말 행운의 마스코트야…'

텔레마케터들은 자신이 좋아하는 상대의 사진을 눈앞에
두고 그 사람에게 말을 건넨다는 마음으로 고객과 통화한다
고 한다. 고객에게 건네는 목소리가 편안하고 친근해지기 때
문이다.

지인 중에는 중요한 거래처 근처에 도착하면 휴대전화를
꺼내 배경화면에 있는 사랑스러운 딸의 사진을 보고 나서 거

래처로 들어가는 사람이 있다.

그는 엄청난 딸바보로 딸의 얼굴을 보면 아무리 지쳐 있어도 힘이 솟는다고 한다. 또 사진을 보고 나면 한결 마음이 가벼워지고 사람 만나는 일에도 부담이 준다고 한다.

이는 심리학적인 측면에서도 매우 효과적인 방법이다. 자신이 좋아하는 사람의 사진을 보면 우리는 자연스레 미소 짓게 된다. 웃는 모습 그대로 사람을 만나면 애써 웃는 표정을 지으려 노력하지 않아도 가장 멋진 표정을 상대에게 보여줄 수 있다.

미소 짓는 것이 서툴다면 좋아하는 사람의 사진 한 장을 가방이나 수첩에 넣어두거나 휴대전화로 찍어두기 바란다. 그리고 언제든지 바로 꺼내 볼 수 있도록 하면 언제, 어디서나 웃는 표정을 지을 수 있다.

누구나 좋아하는 사람의 사진을 볼 때면 빙그레 웃게 된다. 노력하지 않고도 저절로 웃는 표정을 짓게 된다.

지금 당장 '좋아하는 사람'이 떠오르지 않는다면 '좋아하는 물건'이어도 좋다.

꽃을 좋아하는 사람이라면 가장 좋아하는 꽃 사진을 들고 다니며 꺼내 보면 역시 멋지게 미소 지을 수 있을 것이다. 등산을 좋아하는 사람이라면 풍경 사진이어도 상관없다. 용기를 얻거나 힘이 나고 기분 좋아지는 사진을 부적 대신에 들고 다니는 것이다.

사진이란 우리의 마음을 움직이게 하는 매우 효과적인 도구다. 우울한 사진은 우리를 슬프게 하고 환하게 웃는 사진은 우리를 밝게 해준다. 사진 한 장으로 어떠한 감정도 끌어낼 수 있다.

오스트레일리아 뉴사우스웨일즈대학교의 심리학자 조셉 포가스Joseph Forgas 박사가 영화를 보고 막 로비로 나온 관람객을 인터뷰한 결과, 우울한 영화를 본 사람은 인생을 비관적으로 바라보고 행복한 영화를 본 사람은 인생을 낙관적으로 바라본다는 사실을 확인할 수 있었다고 한다.

영상 이미지가 우리의 기분을 바꿔놓는다는 사실을 이 실험을 통해 증명한 셈이다. 조셉 박사의 실험에서는 사진을 사용하지 않았지만, 영상 이미지라는 점에서 사진에서도 같은 효과를 기대할 수 있을 것이다.

'나는 이 사진을 보면 마구 힘이 솟는다.'

이렇게 용기를 얻을 만한 사진이 있다면 여러 장 준비해둔다. 사람을 만나면 긴장하는 탓에 멋진 미소를 짓지 못하는 사람이라도 이 사진만 보면 단숨에 얼굴 근육의 긴장이 풀리는, 그러한 사진을 꼭 지니고 다니기 바란다.

상대가 먼저 말을 걸도록 하려면?

언젠가 들은 이야기인데, 어느 대형 아파트 단지에 피리를 불며 두부를 팔러 오는 유명한 아저씨가 있다고 한다. 아저씨는 두부를 팔기 전에 귀여운 강아지를 차에 묶어놓는다고 한다. 그러면 얼마 지나지 않아 단지에 사는 주부들이 강아지를 보러 몰려든다는 것이다.

강아지와 함께 있으면 말 걸기가 한결 편해진다. 두부를 파는 아저씨가 이 사실을 알았는지는 모르지만, 알았다면 장사수완이 보통 뛰어난 게 아니다.

상대와 직접 마주하기보다는 그 사이를 연결하는 매개체(강아지든 아기든)가 있다면 말 걸기에 편한 분위기가 조성된다.

어느 심리학 데이터에 따르면 평범하게 공원을 산책했을 때는 아무도 말을 걸지 않았는데 강아지를 데리고 산책했더니 지나가던 사람들이 빈번히 말을 걸었다고 한다.

또 뉴욕대학교의 제임스 브라직James Brasic 박사에 따르면 반려동물을 키우는 가정에서는 가족 간에 대화가 활발해지고 관계 또한 원만해졌다고 한다. 반려동물을 가족의 일원이라고 생각하면 대화 나누기가 훨씬 수월해진다.

'난 사람들에게 말을 잘 못 걸겠어'라고 생각한다면 상대가 먼저 말을 걸도록 유도하면 된다. 구체적으로 설명하면 두부 아저씨의 강아지처럼 상대가 말을 걸기 쉬운 매개체를 준비해두면 내가 먼저 용기 내어 말을 걸지 않아도 나에게 먼저 말을 걸어오는 사람은 꽤 늘어날 것이다.

반려동물을 데리고 번화가를 걷다 보면 아무리 무뚝뚝한 표정의 남성이라도 여성이 먼저 말을 걸어온다.

"강아지가 귀엽네요. 이름이 뭐예요?"

"이 강아지는 몇 살인가요?"

"저도 강아지를 키우는데."

이렇게 대화가 매끄럽게 이어지는 것은 반려동물이라는 매개체를 제대로 활용했기 때문이다. 단순히 걷기만 해서는 이러한 반전을 기대하기 어렵다.

상대가 말을 걸 때까지 기다려봤자 아무도 나에게 말을 걸어오지 않을 것이다. '말을 걸어야겠다'는 마음이 생기도록 준비 작업을 해두었기에 상대가 말을 걸어오는 것이다. 그 순간을 위해 수고를 아껴서는 안 된다.

참고로 반려동물을 예로 들었지만, 꼭 반려동물이 아니더라도 상대가 무심결에 말을 걸어야겠다고 생각할 만한 매개체라면 무엇이든지 상관없다. 색다른 다이어리나 독특한 휴대전화 장식품, 특이한 만년필 등 상대가 흥미를 끌 만한 소도구를 충분히 준비해두자. 그러면 상대는 좀 더 쉽게 말을 걸어올 것이며, 이 또한 대화력을 키우는 훈련이 될 것이다.

3장

사람의 마음을
움직이는
대화의 필살기

의견을 말할 때는
먼저 자신의 의견을 믿자

'오늘 예가체프가 정말 좋은데…'

"손님, 오늘은 예가체프를 추천합니다."

헤이안 시대의 승려인 코호 대사는 일본 최고의 서예가로 유명하다. 그는 "글자를 쓸 때는 그 글자가 되어라"라고 말했다. '바위岩'라는 글자를 쓸 때는 바위를 떠올리며 바위가 되어야만 최고의 글자를 쓸 수 있다는 것이다.

대화도 마찬가지다. 어떤 의견을 제시할 때는 우선 자신의 의견을 신뢰해야 한다.

예를 들어 고객에게 상품을 팔 때 "이 상품은 아주 좋아요", "이 상품을 추천합니다"라며 아무리 팔려고 애써도 판매자가 상품에 대한 믿음이 없다면 고객에게 상품을 팔 수 없다. 고객은 판매자의 표정이며 목소리 등에 얼마나 진정성이 담겨 있는지를 판단하고 물건을 살지 말지를 결정하기 때문이다.

나는 의류 매장의 점원에게 "손님, 정말 잘 어울리시는데요"라는 말을 듣는 것이 무척 불편하다. 물론 "전혀 어울리지 않습니다"라는 말보다야 낫겠지만, 진심이 담기지 않은 말은 무척 가볍게 들린다.

어느 골프 용품 매장의 이야기다. 가게 주인은 고객의 악력 등을 간단히 측정한 뒤 "손님에게는 이 골프채가 제격입니다. 저만 믿으십시오" 하고는 골프채의 포장을 마구 뜯어낸다고 한다. 그러고는 고객에게 골프채를 쳐보게 하는 것이다. 대단한 자신감이다. 고객은 이렇게까지 권하는데 거절하지 못할 것이다.

표정은 속마음을 비추는 거울이다.

매사추세츠공과대학교의 제임스 포레스트James Forrest 박사에 따르면 속마음은 숨기려고 해도 어딘가에서 드러난다고 한다. 말로 아무리 감쪽같이 속이려고 해도 표정과 행동, 몸짓에서 속마음이 드러나기 마련이다. 가령 싫어하는 사람에게 "난 널 좋아해"라며 마음에 없는 말을 한다고 해도 금방 들통나고 만다.

의견을 말할 때는 자신이 믿는 사실만을 이야기해야 한다. 아무 상관없는, 흥미를 느끼지 못하는, 자신과 관계없는 이야기를 하려고 하면 상대는 단번에 알아차린다. 목소리에서 한 치의 열정도 느낄 수 없다는 사실을 상대는 꿰뚫고 있다.

예를 들어
설명하라

"제 남친은 곰 같은 외모에 소녀 감성을 가졌어요.

요리도 저보다 훨씬 잘한다니까요."

다채롭게 대화를 나누고 싶다면 예를 들어 설명해보라.

말을 잘하는 사람은 모두가 예시를 들어 설명하는 데 천
부적인 재능이 있다. 그중 단연 으뜸이 예수 그리스도다. 예
수는 누구나 알기 쉽게 설명하는 데 천재였는데, 번번이 예
를 들어 설명했기 때문이다.

예수는 "이야기를 들으려고 하지 않는 사람에게는 이야기

해서는 안 된다"는 말을 "돼지 앞에 진주를 놓아서는 안 된 다"는 말로 대신했다.

조 카터Joe Carter와 존 콜맨John Coleman은 《예수님처럼 말하는 법How to argue like Jesus》에서 말을 잘하는 비법에 관해 설명하는데, 그중 하나가 '예를 들 것'이다.

그러고 보니 에디슨도 닥스훈트라는 개를 예시로 들며 전기를 모르는 사람들에게 전기의 장점을 알기 쉽게 설명했다. "당신이 에든버러에서 닥스훈트의 꼬리를 잡아당기면 닥스훈트는 런던에서 짖는다"라고 말이다. 무척 알기 쉬운 설명이다.

쉽게 설명하고 싶다면 예를 들어보자. 이야기가 단순해지면서 누구나 쉽게 이해하게 된다.

세계정세를 설명할 때는 인간관계에서 벌어지는 다툼이나 사랑싸움, 분쟁 등이 국가 간에도 빈번히 일어나고 있다고 설명하면 그 내용이 훨씬 이해하기 쉬워진다.

가령 미·일 간의 문제는 '형의 보호 속에서 사회에 진출해 일하게 된 동생이 능력을 인정받고 성장하여 형과 동등한 수입을 얻게 되었다. 그러자 동생의 태도가 거만해졌고 형이 화를 내는 상황'이라고 설명하면 된다.

적절한 사례가 떠오르지 않는다면 비유를 들어도 좋다. 비유 역시 예를 들어 설명하는 것과 비슷한 효과를 얻을 수 있기 때문이다.

이성을 칭찬할 때 "당신은 참 멋져요"라며 직접적으로 말하기보다 "당신에게는 마치 패션모델 같은 아우라가 풍기네요", "당신은 방금 말린 하얀 손수건 같아요"라고 표현해본다. 분명 상대에게 더 큰 기쁨을 줄 수 있을 것이다.

산타클라라대학교의 에드워드 맥쿼리Edward McQuarrie 부교수는 실험용으로 두 편의 식기세제 광고를 제작해 177명에게 보여줬다. 맥쿼리 부교수가 만든 광고는 한 편에는 평범한 문구가, 다른 한 편은 비유 표현이 적혀 있었다. 구체적인 내용은 다음과 같다.

굳어버린 때도 말끔히 씻어냅니다.

굳어버린 때를 불도저처럼 말끔히 씻어냅니다.

참가자들은 비유 표현이 적혀 있는 광고 문구를 보자 마음이 흔들렸다고 한다.

평범한 이야기를 평범하게 표현하면 대화의 달인이 될 수 없다. 머리를 전력 가동해 예를 들거나 비유를 사용해 설명해야 듣는 사람도 이해하기 쉬워지고 마음이 움직인다.

다른 사람의 의견처럼
전달하자

"가트너 보고서에 의하면 자율 사물의 시대가 온다고 합니다.

따라서 저희 제품개발 방향도 자율 사물을 향해야 합니다."

같은 내용인데도 내 의견은 배제되고 상사의 의견은 채택되는 일이 자주 일어난다. 대화에서는 내용보다는 '누가' 그 이야기를 했느냐가 매우 중요하기 때문이다.

'나 같은 신입사원의 의견은 받아들여지지 않을 거야.'

이렇게 생각한다면 "저는 이렇게 생각합니다" 식의 화법은 그만두자. 어떤 이야기를 하든지 반대할 게 뻔하다. 이럴 때는 자기 의견이 다른 사람의 의견인 양 제시해본다.

이를테면, 자신과 의견이 비슷한 사람을 찾아내서 "봐요. 이렇게 훌륭한 사람도 저와 의견이 비슷하다니까요" 하고 설득하는 것이다.

독자 여러분도 눈치 챘겠지만, 이 책에는 심리학 학술지에서 인용한 내용이 많다. 왜 인용이 많은가 하면, 나 같은 젊은 학자가 무언가 말한들 아무도 귀 기울여주지 않을 거라는 생각에 유럽과 미국의 심리학자의 입을 빌려서 설명하는 것이다.

가령 내가 아무리 "인용하면 설득하기 쉬워진다"라고 말해봤자 크게 설득력을 얻지 못한다. 하지만 같은 내용을 어느 대학의 대단한 교수가 말했다고 하면 순순히 내 이야기에 귀 기울여주기 때문이다.

자신의 의견이 받아들여지지 않을 때는 영향력 있는 사람의 말을 인용하는 것이 가장 좋다. 그러면 자신의 의견에 힘이 실리면서 아무도 이의를 제기하지 않게 된다.

벤틀리대학교의 디파얀 비스워스Dipayan Biswas 부교수는 실험을 위해 명문 대학 교수와 연예인이 추천하는 컴퓨터 광고를 두 편 제작했는데, 시청자는 교수가 추천하는 광고에 호의적인 반응을 보였다고 한다.

우리는 말하는 사람의 이력을 보고 반응한다. 의견을 제시할 때도 자기 의견이 아닌 다른 사람의 의견인 것처럼 말하는 기술을 익힌다면 설득력을 높일 수 있다. 되도록 전문적이며 권위 있는 사람의 말을 인용하자.

내가 아무리 "외계인은 존재한다"라고 말해도 웃음거리가 될 뿐이다. 하지만 '외계인은 존재한다'는 다소 황당무계한 이야기라도 'NASA의 전문가에 따르면'이나 '우주정거장에 다녀온 우주인에 따르면', '최근 〈네이처〉에서 발표한 논문에 따르면' 등 권위 있는 기관을 인용한 형태로 이야기를 전개하면 사람들도 어느 정도 믿어줄 것이다.

독자 여러분이 나이가 어리거나 경험이 부족해서 마음만큼 잘 설득하지 못한다고 생각된다면 되도록 다른 사람의 말을 인용하는 방식으로 의견을 제시하는 버릇을 들여보자.

잘못을 지적할 때는
미리 예고하라

"이번 일은 그냥 넘어가기 힘들겠다.

무엇이 잘못되었는지, 딱 10분만 이야기할게."

남에게 지적받는 일을 좋아하는 사람은 아무도 없다. 그러니 화를 내거나 지적하는 일은 될 수 있다면 피하는 편이 좋다.

하지만 상대가 잘못했다면 지적할 수밖에 없다. 이때 효과적으로 지적하는 비법은 얼마나 지적할지를 미리 알려주는 것이다.

"오늘은 좀 길게 설교할 거야."

"15분 정도 이야기할 테니까."

이렇게 미리 말해두면 지적받는 쪽도 어느 정도 대비하게 된다. 지적받는 일은 싫지만, 얼마 동안 계속될지 짐작할 수 있다면 참고 견딜만하기 때문이다. 정말 참기 힘든 일은 언제 끝날지 모르는 이야기가 끝없이 이어지는 것이다.

과거 초등학교 시절 언제 끝날지 모르는 교장 선생님의 훈화를 들을 때마다 정말 화가 났다. 교장 선생님은 운동회 날이 되면 더욱 의욕에 넘쳐서는 늘 몇십 분씩 연설하곤 했다.

"마지막으로…"라는 말에 '이제 끝나겠지' 하고 기대하지만, 이내 "마지막으로 하나 더…" 하고 태연하게 이야기를 이어갔다. 교장 선생님의 훈화에는 두 손 두 발 다 든 기억이 있다.

설교도 마찬가지로, 소가 침 흘리듯이 한없이 질질 이어지는 설교는 정신적으로 지치기 마련이다. 설령 이치에 맞는 말을 하더라도 듣는 사람은 견디기 힘들다.

그러니 지적할 때는 5분, 10분 또는 15분이어도 좋으니 얼마 동안 참고 견디면 되는지 상대에게 미리 알려야 한다. 그리고 시간이 되면 설교가 다 끝나지 않았더라도 바로 중단한다. 이것은 지적하는 사람의 최소한의 예의다.

한 심리학 실험에 따르면 통증이 따르는 전기충격을 가할 때 최대 얼마 동안 전기충격을 가할지 먼저 알려주면 참가자는 참고 견뎌낸다고 한다. 하지만 어느 정도 참고 견뎌야 하는지 알리지 않았을 때는 통증을 참지 못해 소리를 지르며 고통스러워했다고 한다.

전쟁 같은 극한 상황에서도 '반년 이내에 결론짓겠다', '1년 안에 전쟁이 끝난다'라는 사실을 미리 안다면 병사들도 죽을 힘을 다해 견뎌낼 것이다. 그러나 언제 끝날지 모르는 진흙탕 싸움에서는 병사들의 사기가 믿기 힘들 정도로 떨어진다고 한다.

지적을 할 때는 반드시 끝을 알려야 한다. 언제까지 참고 견디면 되는지 상대에게 알리는 것이다. 이것만 지킨다면 다소 목소리가 거칠어지더라도 상대는 참고 견뎌낼 것이다.

잔뜩 겁준 뒤
혼을 내자

"인사위원회에 회부될 각오를 해야 할 거야···."

"··· 처음이니까. 이걸로 끝낼게."

누군가를 혼낼 때는 먼저 상대에게 겁을 줘야 한다. 두려움을 충분히 느끼게 한 뒤 상대가 몸을 움츠렸을 때 혼낸다.

"오늘은 욕을 할지도 몰라."

"그래 오늘 끝장을 보자."

"사직서는 준비해뒀지?"

이렇게 겁먹게 한 뒤 평소와 똑같이 혼낸다.

상대가 제대로 혼날 거라고 각오했는데 실제로는 예상만큼 혼나지 않았을 때 '적당히 봐준 건가?'라며 오히려 상대에게 고마움을 느낀다. 혼났음에도 고마워하는 것이다.

반면 "크게 화내진 않을 거야"라고 말해놓고 심하게 잔소리를 퍼부으면 상대에게 원한을 살지도 모른다. 그러니 혼낼 때는 상대가 오히려 고마움을 느끼도록 처음에는 겁을 주는 것이 좋다. 상대에게 벌을 줄 때도 마찬가지다.

"징계로 반년 동안 감봉하겠어."

"반성문 100장 써와."

이렇게 겁먹게 한 뒤 실제로는 3개월만 감봉한다거나 반성문을 다섯 장 정도만 쓰게 한다면 상대는 고마움을 느낄 것이다. 이것이 혼낼 때의 비법이다.

잘 알려진 심리학 법칙 중에 '샤르팡티에 효과Charpentier

Effect'가 있다. 무게는 같지만 크기가 다른 상자 두 개를 들었을 때, 크기만 보고 작은 상자는 무겁고 큰 상자는 가볍다고 착각하는 현상을 말한다.

작은 상자를 보면 우리 뇌는 '작으니까 가볍게 들 수 있겠지'라는 지령을 보낸다. 하지만 보기와 다르게 무거우면 '꽤 무거운데' 하고 의아해한다. 반대로 큰 상자를 본 우리 뇌는 '떨어뜨리면 큰일 나겠군. 힘 좀 써야겠어'라는 지령을 보낸다. 그런데 보기와 달리 가벼우면 '어, 가볍네' 하는 반응을 보이게 된다.

누군가를 혼낼 때도 마찬가지로 미리 잔뜩 겁을 주면 혼나는 사람의 뇌에서는 '오늘은 각오해야겠군'이라는 지령을 보낸다. 그런데 생각만큼 혼나지 않으면 '어, 크게 혼내지 않았군'이라는 생각에 고마운 마음이 커진다.

물론 이 기술은 매번 사용할 수는 없다.

매번 "이번엔 진짜 각오해"라고 말하고는 한 번도 혼을 낸

적이 없다면 혼나는 사람도 '이번에도 겁만 주는 거겠지'라고 생각할 게 뻔하다. 어쩌다 한번 사용하기에 효과적인 기술이라는 사실을 기억하기 바란다.

상대를 바꾸려 해서는
안 된다

"네 생각에 나는 도대체 어디가 문제인 것 같아?"

"너한테 특별한 문제는 없다고 생각해. 상황이 문제지…."

미용실에서 머리를 자른 뒤 "너무 많이 잘랐네요"라며 불평하는 사람은 있어도 "너무 안 자른 거 아니에요?"라며 불평을 늘어놓는 사람은 없다고 한다.

인간에게는 기본적으로 자기 모습을 바꾸고 싶어 하지 않는 욕구가 있기 때문이다. 그래서 머리를 많이 잘라 자신의 모습이 바뀌는 데 거부감을 느낀다. 따라서 머리를 많이 자르지 않고 고객의 모습을 크게 바꾸려고 하지 않는 미용사를 오히려 선호한다.

대화 역시 마찬가지다. 기본적으로 상대의 의견이나 태도를 바꾸려고 하지 않는 편이 좋다. 사람은 누구나 타인에 의해 자신이 바뀌는 것을 원하지 않기 때문이다.

나는 심리상담을 하지는 않지만 심리학 전문가이기에 "선생님, 제가 어디를 어떻게 바꾸면 매력적인 사람이 될 수 있을까요?", "선생님, 제가 좋은 상사가 되려면 어디를 개선해야 할까요?" 등의 질문을 개인적으로 많이 받곤 한다.

그러나 내 대답은 늘 한결같다.

"당신은 바꾸지 않아도 됩니다. 지금 이대로 충분히 매력적이니까요"라며 얼버무리듯이 넘긴다.

그런데 이때, "그렇군요. 당신의 이런 점과 이런 점, 그리고 이 부분도 개선해야 합니다"라고 말한다면 상대는 분명 불쾌해할 것이다. 나 역시 미움을 받을 게 뻔하다. 그래서 나는 대충 듣기 좋은 말로 어물쩍 넘기려고 한다.

사실 마음을 담아 선의로 조언한다고 해도 상대는 내 말을 들으려고 하지 않을 텐데, 조언하는 것 자체가 쓸모없는 일이라고 생각한다. 인간에게는 현재 자신의 모습을 크게 바꾸려고 하지 않는 욕구가 있어서 변화에 거부감을 느끼기 때문이다.

노스다코타주립대학교의 케빈 맥카울Kevin McCaul 박사는 여대생 40명에게 이를 닦을 때 치실을 사용하도록 지도했다. 즉, 새로운 습관을 익히도록 한 것이다.

첫 주는 대상자의 87%가 실천했다. 그런데 2개월 후에 추적조사를 해보니 대상자의 23%만이 실천하고 있었다. 새로운 습관을 적극적으로 받아들이려 하지 않고 옛 습관으로 돌아가려는 경향 때문이다.

맥카울 박사는 치실 사용이라는 새로운 습관이 몸에 익도록 치과 강좌를 듣게 하는 등 몇몇 시도도 함께 진행했다. 그러나 이런 노력도 성과를 내지 못한 채 결국 원래 습관으로 되돌아간 것이다.

이 실험을 통해 인간은 변화를 그다지 좋아하지 않는다는 사실을 확인할 수 있다. 우리가 아무리 애써 설득한다고 해도 상대는 쉽게 바뀌지 않는다. 따라서 쉽게 사람이 바뀔 거라고 기대하지 않는 편이 낫다.

'말은 해보겠지만 바뀌지 않을 거야' 정도로 가볍게 생각하는 편이 설령 상대가 바뀌지 않더라도 '왜 내 말을 듣지 않는 거지?' 하고 화내는 일도 없고 정신적으로 편하다.

또 극히 드문 일이지만 상대가 내 조언을 듣고 따랐을 때는 기대하지 않았기에 기쁨도 배가된다. 어느 쪽이든 상대를 바꾸려 하지 않는 편이 바람직하다.

화가 난 사람을 상대할 때는
더 크게 화를 내라

"제가 그만두면 될 것 아닙니까!"

"그래! 그만두더라도, 내 말은 끝까지 들어!!"

사실인지 모르겠지만 요즘에는 사람들이 불쑥 화내는 일이 많아졌다고 한다. 예전에는 상사에게 쓴소리를 듣는 등 아무리 불합리하다고 생각해도 꾹 참았는데 요즘은 그러한 인내심이 사라지고 있는듯하다.

상사가 화를 낼 때 부하직원이 더 크게 화를 낸다면 예상하지 못한 전개에 상사는 기가 꺾일 것이다. 다만 이러한 모습은 상사로서 볼썽사나운 모습이기에 절대로 뒤로 물러서서는 안 된다. 갑자기 다정해지거나 너그러워지면 오히려 부하직원의 기가 살아나 감당하기 힘들어진다.

믿기 힘들지만 요즘 아이들은 부모에게 대드는 일쯤이야 대수롭지 않게 여긴다고 한다. 오히려 부모의 기가 꺾이면서 '뭐 그렇게 욱하지 않아도 되잖아'라며 태도가 유연해져서는 자식의 눈치를 살핀다고 한다. 이래서야 부모로서 위신이 서지 않을뿐더러 아이는 더욱더 부모를 만만하게 본다.

쉽게 폭발하는 사람을 상대할 때는 친절하게 대하지 말고 도리어 상대보다 더 폭발하는 모습을 보여야 한다. 몸싸움을 하게 되더라도 물러서면 안 된다. '덤빌 테면 덤벼봐라'라는 식으로 의연한 태도를 보이는 것이다. 그래야 반발하는 부하직원이나 아이가 얌전히 따라준다.

"전 톱니바퀴처럼 일하고 싶지 않습니다."
"뭐? 기계에서 톱니바퀴를 빼면 쓰레기밖에 안 남아."

"이 일은 제 적성에 맞지 않습니다."

"너 같은 풋내기가 적성 운운할 때야? 입 다물고 10년만 일해봐. 그래도 적성에 안 맞으면 날 찾아와 한 방 날려도 좋으니까!"

이렇게 화내는 모습을 보이면 상대는 깨갱거리고 꼬리를 내릴 것이다. 상대의 눈치를 보지 않고 진심으로 화내는 것이 핵심이다. 젊은 친구들은 진지하게 화내는 모습이 익숙하지 않기에 상대가 더 세게 나오면 아무 말도 하지 못한다.

심리학에서는 상대에게 겁을 주며 기를 꺾는 설득기법을 '공포 소구Fear Appeal'라고 한다.

이왕 겁을 줄 바에는 간담이 서늘하게 하는 편이 효과적이라는 사실은 잘 알려져 있다.

오번대학교의 마이클 라투르Michael Latour 교수에 따르면 어정쩡하게 겁주기보다 잔뜩 겁을 줘야 상대도 내 요구를 잘 따라준다고 한다.

"저 사람에게 대들었다가는 몇 배 이상으로 되돌아올걸."

"저 사람은 섣불리 대해선 안 돼. 언제 폭발할지 모르니까."

주변 사람들이 함부로 대하지 못하는 부모나 상사를 목표로 하자. 상대가 반항한다면 자신의 권위를 보여줄 절호의 기회다. 그러한 상황이 오면 망설이지 말고 자신이 얼마나 무서운 존재인지를 과시해야 한다.

추상적인 말은
아무 의미 없다는 사실을 기억하자

"멸사봉공의 마음가짐으로 일해야 합니다."

'뭐라니?'

서비스 계열 회사 중에는 애써 접객 매뉴얼을 만들어놓고도 제대로 사용하지 않는 곳이 많다. 매뉴얼에 쓰여 있는 문구가 '고객에게 친절하게'나 '품위 있게' 등 추상적인 말뿐이기 때문이다. 이러한 문구로는 현장에서 일하는 판매원이나 직원이 구체적으로 어떻게 행동해야 할지 알기 어렵다.

접객 매뉴얼을 만들기로 했다면 '고객이 어린아이와 함께 방문했을 때는 무릎을 낮춰 아이와 눈높이를 맞춘 뒤 인사하라'와 같이 되도록 상세히 상황을 설정해놓고 매뉴얼을 작성해야 한다.

우리는 추상적인 이야기를 들으면 어떻게 행동해야 할지 알지 못한다. 구체적으로 무엇을, 어떻게 행동해야 하는지 알려주지 않으면 아무것도 하지 못한다.

한 회사의 사장실 액자에는 '화(和)'라는 글자가 쓰여 있다. 무엇을 의미할까? 사실 잘 모르겠다. 아마도 '힘을 합쳐 일하자', '사이좋게 지내자'라고 강조하는 말이겠지만, 조금 더 알기 쉽게 '눈을 마주친 사람과는 반드시 인사하자', '언쟁은 피하고 끈기 있게 토론하자'라고 설명하는 편이 훨씬 친절하다고 생각한다.

예전에 방문한 회사 입구에는 '목계(木鷄)'라고 쓰인 액자가 장식되어 있었다. 중국 고전에 관심 있는 사람이라면 모를까 이 회사의 직원들은 이 단어의 의미를 제대로 알고 있을지 강한 의문이 들었다.

분명 이 액자를 건 사장이나 오너는 '그 어떤 적과 맞서더라도 나무로 만든 닭처럼 딱 버티고 서서 분쟁을 일으키지 않고도 상대가 스스로 물러나게 할 만큼의 기량을 갖추자'라고 강조하고 싶었을 것이다. 하지만 그 의미를 친절히 설명해주지 않는다면 '목계'라는 말에 무슨 의미가 담겨 있는지 전혀 알지 못할 것이다.

루이지애나주립대학교의 앨빈 번스Alvin Burns 교수는 추상적인 문구가 쓰인 자동차 광고와 구체적인 단어로 설명한 광고 두 편을 제작해 여러 사람에게 보여주는 실험을 진행했다.

예를 들어 추상적인 광고에서는 '가속력이 뛰어납니다'라고 쓴 표현을, 구체적인 광고에는 '바람을 가를 정도로 빠릅니다'로 바꾼 뒤 평가하게 한 것이다. 그 결과, 추상적인 광고를 본 사람들은 자동차에 흥미를 느끼지 못하고 "이 자동차는 사고 싶지 않습니다"라고 대답한 비율이 높았다. 추상적인 표현이 사람들의 마음을 움직이지 못한 것이다.

프랑스에서는 '초등학생도 이해할 수 있는 연설을 해야 대통령이 될 수 있다'라고 말한다. 어려운 이야기를 되도록 알기 쉽게 설명하지 못한다면 사람들에게 사랑받거나 존경받지 못한다는 사실을 명심하자.

관공서에서 일하는 사람들이 쓴 듯한 추상적이고 이해하기 힘든 표현을 사용한다면 아무도 내 말을 귀담아듣지 않을 것이다. 평소에 쓰는 말로 가급적 알기 쉽게 메시지를 전달할 수 있도록 해야 한다.

거래 상대는 적군이 아닌 아군으로 대하자

"최대한 귀사의 입장에서 제안서를 작성했습니다."

"감사합니다. 저도 서로 윈윈하는 방향으로
검토하겠습니다."

비즈니스 협상에 임할 때 상대를 적으로 생각해서는 절대
안 된다.

내가 적의를 품으면 상대도 이에 민감하게 반응하여 경계
하기 때문이다. 상대의 마음을 열고 싶다면 우선 나부터 마
음을 열어야 한다.

거래할 때는 서로가 이익을 얻고자 하는 자세가 중요한

데, 상대의 돈을 빼앗겠다거나 나에게 유리한 방향으로 계약하겠다는 태도를 보이면 대부분의 계약은 제대로 성사되지 못한다.

상대를 '적'이라고 생각하면 말이 무뚝뚝해진다. 이를 피하기 위해서는 상대를 '내 편'이라고 생각해야 한다. 그러면 서로가 기분 좋게 협상을 진행할 수 있다.

"상대를 적대시하는 태도만 바꿔도 대인관계는 놀랄 만큼 원만해진다." 하버드대학교의 테렌스 버넘Terence Burnham 박사의 말이다.

버넘 박사는 대학생 312명을 2명씩 짝지은 뒤 두 사람이 협력하여 풀어가는 게임을 진행했다. 이때 학생 절반에게는 짝에 대해 "이 사람은 당신의 아군입니다"라고 소개했고, 나머지 절반에게는 "이 사람은 당신의 적군입니다"라고 소개했다.

단지 이렇게 설명했을 뿐인데 "이 사람은 당신의 아군입니다"라고 소개받은 그룹에서는 서로 협력하는 모습을 보였다고 한다. 반면 "이 사람은 당신의 적군입니다"라고 소개받은 그룹에서는 같은 게임을 하면서도 좀처럼 협력하는 모습을 보이지 않았다고 한다.

상대가 협력자라고 생각하면 '내가 더 잘해야지', '경쟁에서 이겨야 해', '내가 더 큰 이익을 얻겠어'와 같은 마음은 줄어든다. 내 편이라고 생각하는 상대에게는 호의적인 태도를 보이기 때문이다.

따라서 사람을 만날 때는 무턱대고 상대를 적으로 받아들이지 말고 협력자가 될 수 있는 소중한 사람이라고 생각하도록 하자. 마음가짐 하나만으로도 서로가 기분 좋게 대화를 나눌 수 있을 것이다.

간혹 "사람을 보면 도둑이라고 생각하라"고도 말하지만, 이러한 자세로 상대를 대하면 친구는커녕 인맥조차 넓히기 어렵다.

기본적으로 그렇게 나쁜 사람은 이 세상에 존재하지 않으며 오히려 상대를 온전히 신뢰하려는 모습이나 상대의 선의를 믿으려는 자세가 중요하다.

상대를 믿으면 쉽게 속아 넘어간다며 걱정스러운 시선으로 바라보는 사람들도 많은듯하지만, 나는 이러한 모습이 미덕이라고 생각한다.

　사람을 신뢰하지 못하거나 상대를 의심하는 사람이 되어서는 안 된다. 상대를 적이라고 생각하면 서로가 결코 친해지지 못하기 때문이다.

강하게 밀어붙이면
역효과가 난다

"이 조건이 아니라면 다른 곳과 계약하겠어요."

"그럼, 저희와 계약은 어렵겠네요."

비즈니스 협상과 관련된 책을 읽다 보면 무조건 강경하게 쭉쭉 밀어붙이는 자세가 중요하다고 강조하는 책이 있다. 소극적인 태도를 보이면 상대가 얕볼 수 있으니 강경한 자세를 보이는 것은 분명 중요할지도 모르겠다.

반면 정도의 문제이지 기본적으로는 온화한 태도를 유지하되 유연하게 입장을 바꿀 수 있다는 자세를 보이는 편이 훨씬 이득이라는 사실을 제시하는 자료도 있다.

네덜란드에 있는 그로닝겐대학교의 심리학자인 에렌 지에벨스Ellen Giebels 박사는 사람들을 냉장고 판매자와 구매자로 나누어 가격, 보증기간, 배달 시간, 지급 방법 등에 대해 교섭하는 실험을 진행했다.

지에벨스 박사는 절반에게는 상대와 협상하지 않고 다른 사람과 협상하겠다는 사실을 슬쩍 내비치고 강경한 자세를 유지하도록 일러두었다. 그러자 이 그룹에서는 교섭이 난항을 겪었으며 타결되더라도 이익이 적거나 교섭 자체가 결렬되는 일이 빈번했다고 한다.

"구매하려는 사람은 많다"라며 속마음을 슬며시 비추거나 "내 조건을 들어주지 않으면 협상을 중단하겠다"라며 압박하듯이 강경한 자세를 보이는 방식을 전문가들은 '탈출 옵션Exit Option'이라고 한다.

지에벨스 박사에 따르면 이 방식은 현실적으로는 그다지 바람직하지 않다. 오히려 "협상 상대로는 당신밖에 생각하지 않으니 이 부분까지 고려하여 서로 이익을 낼 수 있는 방향으로 생각해보자"라며 유연한 자세를 보이는 편이 협상에서는 좋은 결과를 기대할 수 있었다.

기분 좋게 협상을 끝내고 싶다면 지나치게 강경한 자세를 보이지 않는 편이 좋다. 미온적인 태도를 보여서도 안 되겠지만 강경함과 온화함, 어느 쪽으로도 자세를 전환할 수 있는 유연함이 필요한 것이다.

"내 얘기를 들어주지 않는다면 돌아가겠다"라는 식의 태도는 오히려 상대를 불쾌하게 해 불필요한 분쟁을 일으킨다. 비즈니스 협상의 목적은 싸움이 아닌 서로 만족할 만한 합의점을 찾는 것이다.

당신이 본사 직원이라면 협력업체 직원에게 자신이 원하는 조건만을 일방적으로 늘어놓는 강경한 자세를 보일 수도 있겠지만, 그러한 태도는 상대에게 원한을 사기에 딱 좋다. 설령 자신이 상대보다 유리한 위치에 있더라도 그 지위에 빠지지 말고 유연한 모습으로 정확히, 그리고 성실하게 협의하려는 자세가 무엇보다 중요하다.

단어 사용에 주의한다면 상대도 납득할 것이다

"에베레스트 등반은 많이 힘든가요?"

"힘은 들겠지만, 절대 잊지 못할 경험이 될 겁니다."

각각의 단어에는 그 말과 관련된 이미지가 포함되어 있다. '봄'이라는 단어에는 단순히 계절을 상징하는 의미뿐만 아니라 '따뜻함'이나 '생명력'과 같은 이미지가 포함되어 있는 것이다. 따라서 사용하는 단어에 주의한다면 같은 이야기를 하더라도 듣는 사람이 받아들이는 이미지가 크게 달라진다.

예를 들어 '위원회'라는 말을 들으면 사람들은 대부분 지루하다고 느낀다. "위원회가 있다"고 하면 사람들은 무의식중에 지루한 회의가 끝없이 이어지는 이미지를 떠올릴 것이다.

하지만 표현을 달리하여 "테스크포스(대책 회의)가 있다"고 하면 활기 넘치는 이미지를 상상하며 끝까지 집중해서 들어봐야겠다고 생각한다. 따라서 사람을 모집할 때는 "위원회에 참석해주세요"라는 말보다 "테스크포스에 참석해주세요"라고 부탁하는 것이 좋다.

이 이야기는 세스 고딘Seth Godin이 쓴 《마케터는 새빨간 거짓말쟁이》에 나오는 내용으로, 단어를 적절히 선택하여 사용한 예라고 할 수 있다.

미네소타대학교의 알렉산더 로스만Alexander Rossmann 박사에 따르면 환자에게 수술을 권할 때 "600명 중 400명이 죽는다"가 아닌 "600명 중 200명은 산다"고 설명하면 의사의 말에 귀 기울여준다고 한다. 같은 이야기를 하더라도 '죽는다'는 말보다 '산다'는 말에 초점을 맞추면 '그렇다면 수술을 받아볼까?'라는 마음이 생긴다는 것이다.

상대에게 하고 싶은 말이 있다면 상대가 받아들일 만한 표현을 사용해보자. 어떻게 표현해야 상대가 내 말을 들어줄지 생각해보면 정답이 나올 것이다.

"음식이 맛없는 술집에서 회식합시다"라는 말을 들으면 우리는 쉽게 고개를 끄덕이지 않을 것이다. 하지만 "음식은 맛이 없지만 술 종류가 다양한 식당이에요"라며 함께하자고 권한다면 잠시 들러도 좋겠다는 생각이 들지도 모른다.

"이 회사는 일 처리가 좀 느린 편이에요"라는 설명을 들으면 일을 맡기는 데 주저할지도 모르지만, "일 처리하는 과정은 느리지만 꼼꼼한 편이죠"라며 장점을 어필하면 이 회사와 거래해도 괜찮겠다는 생각이 들 것이다.

어떠한 이야기를 하더라도 상대가 긍정적으로 받아들일 만한 단어를 사용해보자. 모든 일에는 반드시 앞면과 뒷면이 있으며, 구태여 뒷면을 보이기보다 밝은 앞면의 이미지를 떠올릴 만한 표현을 사용하는 것이 바람직하다.

끈질기게 물고 늘어지면
상대도 조건을 낮춘다

"이 브랜드는 세일이 언제인가요?"

"그럼 일주일만 먼저 세일가에 안 될까요?"

여기서는 상대의 조건을 현명하게 낮추는 방법을 소개하려고 한다.

어떠한 협상이든지 그렇겠지만, 상대는 처음에 으레 까다로운 조건을 제시하기 마련이다. 하지만 제시한 조건을 그대로 수용할 필요는 없다. 적절히 질문하다 보면 그만큼 조건이 낮아질 수 있다.

가령 거래처로부터 금요일까지 견적서를 보내 달라는 부탁을 받았다고 치자. 이 부탁은 곧이곧대로 듣지 않아도 된다.

"알겠습니다. 금요일이라면 오후 7까지 보내드려도 되나요?"

"네, 괜찮습니다."

"그럼 주말을 끼고 월요일 아침에 보내드리면 어떨까요?"

"네, 괜찮을 것 같습니다."

몇 가지 질문만으로 이미 상대의 조건은 '금요일'에서 '월요일 아침'으로 낮아졌다.

자세히 질문하다 보면 금세 조건이 완화된다. 상대방 역시 눈치를 살펴 가며 조건을 제시하는 일이 흔하기 때문이다. 참고로 '오늘 중에'라는 조건도 시간대를 적극적으로 확인하다 보면 '내일 오전 중으로'처럼 조건이 완화되는 일이 대부분이다.

외국인과 협상해본 사람이라면 상대가 원하는 방향대로 질문에 답하다 보니 어느새 조건을 낮추게 된 경험을 해본 적이 있을 것이다. 그들은 "한꺼번에 사면 얼마까지 깎아주나요?", "선지불하면 얼마나 싸지죠?" 등 여러 질문을 던지며 상대가 어디까지 깎아줄지 속마음을 떠보는 재주가 무척 뛰어나다.

여러 질문을 하다 보면 놀랄 만큼 조건이 완화된다는 사실을 증명하는 데이터가 있다. 유타주립대학교의 존 세이터 John Seiter 박사는 손님인 척 가장하고 자동차 대리점에 방문한 뒤 딜러에게 꼬치꼬치 캐물었다.

"브로슈어에는 가격이 얼마였죠?"
"원가가 얼마라고 들었는데 판매가는 얼만가요?"

이처럼 세세한 부분까지 꼼꼼히 물어본 것이다. 몇 번의 질문이 오간 뒤 최종적으로 판매가격을 묻자, 어떠한 질문도

하지 않고 가격을 물었을 때와 비교해 1,000달러 가까이 낮은 가격을 제시했다고 한다.

'성가신 사람이군'이라고 생각할 만큼 묻고 또 묻자. 질문하는 것만으로도 상대의 조건은 순식간에 완화될 것이다.

악의적인 말을 들었다면
상대의 말꼬리를 잡고 반격에 나서라

"너는 맨날 이런 식이냐?"

"맨날이라니? 언제 무슨 일이 있었는지 알려줄래?"

질문하는 기술을 익히면 상대의 '말꼬리를 잡을' 때도 유용하다.

상대가 내 기분을 상하게 하는 말을 했다면 되도록 얼굴에 표정을 드러내지 않은 채 상대의 말꼬리를 잡을 만한 질문을 던져본다. 그러면 상대의 입을 막을 수 있다.

지나치게 비꼬는 듯한 말투가 되지 않도록 주의해야겠지

만, 제대로 말꼬리를 잡는다면 상대를 침묵하게 하고 상대보다 유리한 위치에 설 수 있다.

다음 대화를 통해 '말꼬리 잡기' 전술을 익혀보자.

"넌 항상 까다롭게 구는 것 같아."

"'항상'이라면 구체적으로 언제를 말씀하시는 건가요?"

"이 디자인 너무 지나친 거 같은데?"

"지나쳐도 된다고 들었는데 그사이 변동사항이 있었나요?"

"자네는 정말 아무것도 모르는군."

"죄송하지만, '아무것도'라면 어떤 것을 말씀하시는 건가요?"

"성격이 그래서야 되겠나?"

"'그래서'라면 구체적으로 뭐가 잘못됐다는 말씀인지요?"

"자넨 전혀 발전이 없군."

"'전혀'라면 아무것도, 완전히, 라는 말씀인가요?"

　말꼬리를 잡을 때 중요한 점은 자신의 감정을 드러내지
않고 냉정함을 유지하되 공손한 말투로 공격하는 것이다. 어
디까지나 '질문하고 있을 뿐'이라는 태도를 유지하면서 상대
를 바늘로 따끔하게 찔러야 한다. 이러한 기술은 익숙해지지
않으면 어려울지도 모르지만, 그렇다고 상대의 무례한 말을
그냥 넘길 수는 없다.

　상대가 무례한 행동을 한다면 나 또한 반격해야 한다. 그
렇지 않으면 만만한 사람이라 여기고 얕잡아 보기 때문이다.

　미주리대학교의 케논 셸던Kennon Sheldon 박사에 따르면
상대가 불쾌한 행동을 했을 때는 나 역시 반드시 되돌려줘야
상대가 온순해진다고 한다. 이를 심리학에서는 '보복 전술'이
라고 부른다.

　학교의 왕따 문제도 마찬가지다. 상대에게 싫은 소리를
듣고도 말 한마디 못 한 채 가만히 참기만 한다면 상대는 우

쭐해져서 더욱 따돌림이 심해진다.

그러니 악의적인 말을 들었다면 반드시 어떠한 형태로든지 되돌려줘야 한다. 이를 위한 작전인 '말꼬리 잡기'로 상대의 기를 꺾는 것이다.

상대가 나를 물어뜯으려고 하면 나 역시 물어뜯어야 상대도 송곳니를 감추게 되고, 이는 결국 나를 지키는 일이 된다. 상대의 말에 악의가 느껴진다면 얌전히 듣고 있지 말고 질문을 던지며 상대를 꼼짝 못 하게 할 정도의 배짱이 필요하다.

기초를 탄탄히 다진 뒤 응용하라

무슨 일이든지 그렇겠지만 대화에서도 기본이 탄탄해야 응용도 가능하다.

어떠한 기술이든지 기초 단계를 거쳐야 비로소 응용 단계로 넘어갈 수 있다. 이는 당연한 이야기인데도 대화에서만큼은 누구나 쉽게 상급자의 기술을 배우고 싶어 한다.

왜 사람들은 기초도 제대로 익히지 않은 채 바로 응용 기술을 배우려고 하는 걸까?

대화만큼은 누구나 최소한의 기술은 이미 갖추고 있다고 확신하기에 그다음 단계인 중급자나 상급자가 구사하는 기술로 넘어가려는 것이 아닐까.

루이지애나주립대학교의 브라이언 본스타인Brian Bornstein 박사는 자신의 능력을 과대평가하는 경향이 우리에게 있다고 한다.

본스타인 박사에 따르면 대학생에게 일반상식 문제를 풀게 한 뒤 점수를 알리기 전에 "당신은 몇 점을 받았다고 생각하나요?" 하고 물었더니, 평균 47% 정도의 문제를 맞혔을 거라고 대답했다고 한다. 그러나 정답률은 31%에 불과했다.

우리는 자신의 능력이나 지식을 지나치게 높게 평가한다. 인사도 제대로 못 하는 사람이 연설로 사람들에게 감동을 주거나 눈물을 흘리게 할 수 있을까?

물론 불가능하다. 원고를 밤새 외운다고 해도 정체는 금세 들통날 것이다. 인사도 만족스럽게 못 하면서 감동을 주는 연설이 가능할 리가 없다. 잠시 생각해보면 알 만한 일이다.

형식을 깨고도 멋스럽게 옷을 입는 사람이 있는데, 이는 패션에 대한 기본 지식을 충분히 갖추었기 때문이다. 패션에 대한 기본 지식이 없다면 단지 지저분한 인상만을 줄 뿐이다.

이와 마찬가지로 대화에서도 기초를 탄탄히 다져야 비로소 농담 섞인 유쾌한 대화가 가능하다. 연설에서 느닷없이 사람들을 웃기려고 해도 연설의 품위만 떨어뜨릴 뿐, 결국 사람들에게 빈축을 살 게 뻔하다.

나는 '대화법'이나 '대화 비법'을 주제로 잡지 인터뷰에 자주 응하곤 하는데, 그때마다 "밝게 웃는 모습이 가장 중요하다고 생각해요" 또는 "활기차게 인사할 수 있다면 그걸로 충분합니다"라고 말하면 기자는 불만족스러운 표정을 짓는다.
나와 인터뷰한 기자는 누구나 알 만한 내용이 아닌 상급자나 달인급이 구사할 만한 기술을 알고 싶었겠지만, 우선 기본을 익히지 않는다면 다음 단계로 넘어가지 못한다. 이 점을 놓쳐서는 안 된다.

4장

인간관계를
확장하는
대화의 내공

인간관계를 확장하는 **대화의 내공 01**

우아하게
승부를 양보하라

"아니야, 내 생각은 다른데!"

"그래? 그럼 네 생각대로 해보자."

사교댄스에서는 남성이 리드를 하면 여성이 남성을 받쳐
준다. 그렇다고 해서 누가 더 중요하고 누가 중요하지 않다
는 이야기는 아니다. 리드하는 쪽도 리드를 따르는 쪽도 모
두 중요하다. 남성이 우월하고 여성이 우월하지 않다고 말하
려는 것이 아니다.

누군가와 말싸움을 할 때 상대를 이기려고 하지 않아도

된다. 이기고 싶다면 우아하게 상대에게 승부를 양보하는 편이 현명하다. 사교댄스의 여성처럼 상대의 리드를 잘 따르면 모든 일은 순조롭게 흘러간다.

"왜 내 말을 듣지 않는 거지?"
"당신이야말로 내 말은 전혀 들으려 하지 않잖아?"

가는 말이 고와야 오는 말이 곱다고 하는데 이러한 언쟁은 보기 흉하다. 상대와 사이가 멀어질 뿐 이로울 게 전혀 없다.

"왜 내 말을 안 듣는 거지?"
"미안해. 다음부터 조심할게."

이 말 한마디로 언쟁은 끝이 난다. 참 쉽지 않은가?

말싸움을 한 뒤 설령 상대를 말로 꺾었다고 해도 서로 기분만 상할 뿐이다. 말싸움에서 이기고 속으로 즐거워하는 사람도 있을지 모르겠지만, 그러한 사람은 소수이며 대부분은 이기더라도 왠지 불안하거나 마음이 개운하지 않다.

워싱턴대학교의 조너선 브라운Jonathon Brown 박사에 따르면 자존감이 낮은 사람일수록 자존심에 상처받는 일에 민감하게 반응한다고 한다. 자신감 넘치는 사람은 상대에게 승부를 양보하는 일쯤이야 별일 아니지만, 자존감이 낮은 사람은 말싸움에서 지는 일을 좀처럼 받아들이지 못한다.

말싸움에서 질 수 없다는 생각은 쓸데없는 허세이자 자존심에 불과하다. 말싸움에서 지는 일이 자신에게 수치라고 생각하지 않는 편이 좋다. 우아하게 승부를 양보하는 것이다.

어린아이와 진심으로 맞붙으려는 어른은 없을 것이다. 아이에게 일부러 져줬다고 부모의 위신이 떨어지는 것도 아니다. 핏대 세우고 아이와 싸우는 일이야말로 어른스럽지 못한 행동이다. 상대가 아이가 아니더라도 말싸움으로 번질 듯하면 아이를 상대할 때처럼 일부러 져줄 정도의 여유가 필요하다.

물론 져준다고 해서 "네, 네. 당신 말이 모두 옳습니다"라든가 "알았어, 알았어. 네 말이 다 맞는다니까" 등 비꼬는 식의 말투는 피해야 한다. 상대를 더욱 화나게 할 뿐이다. 겉으로는 고분고분하게 져주는 것이 사교술이라고 할 수 있다.

감사의 말로
상대에게 기쁨을 선물하자

"바쁜데 이렇게 도와주다니, 정말 감사해요."

"아니 뭘요, 그렇게 말씀해주시니 기분이 좋네요."

'고맙다'는 감사의 말에는 마법과 같은 효과가 있다. 이러한 말을 들으면 잠시나마 영웅이 된 듯한 기분을 맛볼 수 있기 때문이다.

"무거운데 들어줘서 고마워."

"바쁠 텐데 시간 내줘서 고마워."

"도와줘서 정말 기뻐, 고마워."

언제든지 감사의 말을 입버릇처럼 꺼낼 수 있다면 멋진 일이다. 누군가가 나에게 친절을 베풀었을 때 곧바로 감사의 말을 건넬 수 있도록 감사하는 습관을 들이자.

'고맙다는 말을 전해야 하나? 어떻게 해야 하지?'

이렇게 머뭇거린다면 아직 갈 길이 멀다. 망설이지 말고 누구에게나 "고마워", "고맙다", "고마웠어"라고 말할 수 있어야 한다.

언제든지 잊지 않고 사람들에게 감사의 마음을 전하는 일에는 매우 긍정적인 효과가 있다.

캘리포니아대학교의 로버트 에몬스Robert Emmons 박사에 따르면 감사의 마음을 전할 줄 아는 사람이 늘 불평불만을 늘어놓는 사람에 비해 미래를 낙관적으로 바라보며, 신체적으로도 건강하다고 한다. 즉, 감사할 줄 아는 사람이 더 즐겁게 생활한다는 의미다.

누군가에게 도움을 받았다면 그 즉시 "고마워"라고 말을 해보자. 깊게 고민하지 말고 감사의 말을 건네는 것이다. 말 한마디에 삶이 즐거워진다면 실천해볼 만한 가치가 있지 않은가.

누군가에게 친절을 베풀었는데 고맙다는 말을 듣지 못한다면 왠지 배신당한 느낌이 든다. '뭐야, 일부러 도와줬는데 인사 정도는 해야 하는 거 아닌가!'라고 생각하며 두 번 다시 상대에게 친절을 베풀지 않겠다고 마음먹게 된다.

반면 친절을 베풀 때마다 상대가 감사의 마음을 전한다면 이러한 생각은 하지 않을 것이다. 그러니 앞으로도 계속 도움을 받고 싶다면 미리 감사의 마음을 전하자.

참고로 감사의 말을 들었다면 과장되게 기뻐하는 것이 좋다. 내가 감사의 기쁨을 표현하면 할수록 상대는 나를 위해 더욱 노력해야겠다고 생각하기 때문이다.

기대보다 크게 고마워하면 '이런 작은 일에 이렇게 고마워하다니, 다음에는 더 큰 친절을 베풀어야겠군'이라고 생각하는 게 사람 마음이다. 딱히 대단한 일이 아니더라도 조금은 과장되게 감사의 마음을 전해보자. 사실 친절을 베푸는 쪽에서는 꽤 수고스러웠을 수도 있기 때문이다.

누군가에게 감사의 마음을 전하는 일은 더 많은 친절을 끌어내는 데 매우 효과적이다. 늘 감사하는 마음을 잊지 않고 조금은 과장되게 어필한다면 상대도 보람을 느끼고 나 역시 계속해서 도움을 받게 될 것이다.

딱 잘라 말하지 말고
말꼬리를 흐려라

"제안서의 내용이 좀 부족한 것 같은데요…."

"제안서의 핵심을 좀 간결하게 하는 게 어떨까요…."

의견을 말할 때 말끝을 단정 짓기보다 말꼬리를 흐리며 모호하게 끝내는 편이 상대방에게 부드러운 인상을 줄 수 있다.

다음 표현을 비교해보자.

"이 볼펜 안 써져요."

"이 볼펜 안 써지는데요…."

어느 쪽이 부드럽게 들리는가?

분명 후자가 더 부드럽게 들릴 것이다. 억양에 따라서도 다르게 들리겠지만, "안 써진다"라고 단정 지어 말하면 '쓸 수 없는 볼펜을 건네주다니'라며 따지는 듯한 느낌을 준다. 식당에서 주문할 때도 "주문하겠습니다"보다 "주문하려고 하는데요"라고 말하는 편이 부드러운 인상을 준다.

단정 지어 말하면 무뚝뚝하고 딱딱한 인상을 풍길 수 있다.

미국 메릴랜드대학교의 알리사 존스Alissa Jones 박사는 자신의 의견을 딱 잘라 말했을 때보다 말끝을 흐리며 명확히 단정 짓지 않고 대화를 이어갔을 때 '이 사람과 다시 만나고 싶다'는 마음이 17% 정도 상승했다는 사실을 실험을 통해 확인했다.

상대가 단정 지어 말하면 왠지 자신을 혼내는 듯한 느낌이 들어 '이 사람과는 계속 만나고 싶지 않다'고 느낀다는 사실을 존스 박사의 데이터가 입증한 셈이다.

부드러운 인상을 남기고 싶다면 말끝을 흐리는 듯한 말투를 사용하는 것이 좋다. 강함을 어필하고 싶다면 단정 표현을 사용해도 좋지만, 부드러움을 강조하고 싶다면 말꼬리를 흐려본다.

"선배님의 설명은 좀 알아듣기 힘듭니다."

이렇게 딱 잘라 말하면 '좀'이라는 표현을 사용해 의미를 약화시켰다고 해도 비판 섞인 말로 들린다.

"선배님 설명은 좀 알아듣기 힘든데요…."

이처럼 모호하게 표현하면 '좀 더 알기 쉽게 설명해주시겠어요?' 하고 상담을 원하는 듯한 부드러운 말투가 된다.

성격이 무뚝뚝해 보이는 사람은 사실 단정 지어 말하는 말투여서 상대에게 그러한 인상을 줄 때가 많다. 이때 말끝을 애매하게 얼버무리며 말함으로써 부드러운 이미지가 풍기도록 한다면 온화한 성격에 친근감 넘치는 사람으로 보일 수 있다는 사실을 기억하자.

인간관계를 확장하는 **대화의 내공 04**

부정의문문으로
말하자

"이번 프로젝트에 참여할 여유가 없으려나?"

"아니요, 선배가 진행하는 프로젝트인데 도와드려야죠."

부드러운 인상을 주기 위한 대화법으로는 부정의문문을
사용해 말하는 방법이 있다.

부정의문문이라고 말하면 어렵게 들릴지도 모르겠지만
'~지 않다?'처럼 부정하는 의미를 포함한 의문문을 말한다.

예를 들어 "설문조사에 협조해주시겠습니까?"는 흔히 사
용하는 표현이지만 이를 부정의문문으로 바꿔 말하면 "설문

조사에 협조해주시지 않으시겠습니까?"가 된다. 거의 차이가 없지 않느냐고 묻는다면 그렇다고 대답할 수밖에 없지만, 상대에게 주는 인상은 미묘하게 다르다.

"협조해주시겠습니까?"는 협조해달라고 압박하는 듯한 느낌을 주지만 "협조해주시지 않으시겠습니까?"는 '협조할 수 없을 거로 예상하지만 마음을 바꿔 잠깐이라도 시간을 내주었으면…'처럼 겸손한 인상을 주기 때문이다.

애리조나주립대학교의 빌헬미나 보신스카Wilhelmina Wo-sinska 박사는 겸손한 사람일수록 사람들에게 호감을 얻기 쉽다고 한다. 따라서 부정의문문을 사용해 겸손한 모습을 어필하는 것은 호감을 얻기 위한 대화법 중 하나라고 할 수 있다.

"야근 도와줄래?"라는 표현은 왠지 뻔뻔하게 들린다. 하지만 "야근 좀 도와주지 않을래?"는 선배의 입장에서 명령한다기보다 겸손하게 부탁한다는 느낌이 든다. 누군가에게 호감을 얻고 싶다면 부정의문문으로 말해보자.

부정의문문은 연인과의 대화에도 유용하다.

또 인간에게는 청개구리 심보가 있어서 부탁을 받으면 '반대' 행동을 하려는 심리가 작용하기 때문에 부정의문문으로 부탁하는 편이 승낙 확률도 높일 수 있다.

도망치는 개를 붙잡고 싶다면 쫓아가지 않는 편이 낫다고 한다. 쫓아갈수록 개는 더 도망치려고 하기 때문이다. 도리어 등을 돌리고 반대 방향으로 걷기 시작하면 주인이 자신을 두고 간다는 두려움에 주인 근처로 돌아온다.

인간에게도 비슷한 성격이 있는 듯하다. "창고 좀 청소해"라며 명령조로 말하면 청소하기 싫어지지만, "바빠서 창고 청소는 못 하겠지?"라는 말에는 "바쁘긴"이라고 대답하기 때문이다.

연인에게 고백할 때도 "나랑 사귀자"라고 직접적으로 말하기보다 "너 같은 멋진 애가 날 만나주지 않겠지?"라며 부정의문문으로 말할 때 성공 확률도 높아지지 않을까 생각해 본다.

부탁하기 전에 먼저 감사의 마음을 전하라

"평소에 많은 도움을 주셔서 늘 감사했어요….

이번에 하나 더 부탁드릴 일이 생겨서요…."

상대가 부탁을 들어주기 전에 미리 도움을 줄 거라고 전제하고 상대에게 고마움을 전하는 대화법이 있다.

보통 내가 무언가를 부탁하고 상대가 이에 응했을 때 비로소 고마움을 전하기 마련인데, 상대에게 도움을 받기 전에 도움을 받을지 모르는 상황에서 미리 고마움을 전하는 것이다.

나는 언어학자도 어문학자도 아니기에 이러한 대화법을 전문적으로 어떻게 말하는지 알지 못하지만 여기서는 '미리 감사하기'로 명명하겠다.

요즘 공중화장실에 가면 '늘 깨끗이 사용해주셔서 감사합니다'라고 쓰인 문구를 흔히 볼 수 있다. 이러한 문구가 '미리 감사하기'에 해당한다. 예전에 자주 보던 '화장실을 깨끗이 사용해주십시오'라는 문구보다 효과적인 전략이라고 할 수 있다. 사실 '화장실을 깨끗이 사용해주십시오'라는 주의 문구는 친절하게 들리기는 하지만 다소 명령하는 듯한 느낌을 주기 때문이다.

중국어에는 '미리 감사하다'는 의미의 '先謝謝씨안씨에씨에'라는 말이 있는데, 이는 상대가 도와줄지 모르는 상황에서 무언가를 부탁할 때 쓰는 말이라고 한다.

처음부터 고마움을 전하면 상대로부터 선의를 끌어낼 수 있다. 상대가 내 부탁을 들어준 '뒤'에 고마움을 전하거나 감사의 말을 건네는 것은 당연한 일이지만 부탁을 들어주기

'전'에 미리 고마움을 전하면 상대는 좀처럼 거절하기 힘들어진다. 상대에게 이미 고맙다는 말을 들었기에 "싫다"고 거절하기 힘든 상황이 되는 것이다.

번역하여 표현하면 조금 어색한 느낌도 들지만, "고마워, 너라면 꼭 내 부탁을 들어줄 거야" 정도로 미리 고마움을 전한 뒤 본론으로 들어가자. 물론 상대가 부탁을 들어줬다면 거듭 고마움을 전해야 한다는 사실도 잊어서는 안 된다.

비즈니스 메일에서 자주 사용하는 표현 중에 '늘 신경 써주셔서 고맙습니다'라는 인사말이 있다. 이 문구 역시 '미리 감사하기' 중 하나인데, 이 같은 말을 들으면 업무 관련 일이라도 거절하기가 힘들어진다.

미국 브리검영대학교의 데이비드 스팀슨David Stimpson 박사에 따르면 우리는 고맙다는 말을 들으면 말한 상대에게 상냥하고 친절하게 행동하려는 경향이 있다고 한다.

스팀슨 박사는 실험에서 "환경보호단체에서 일하는 누구인데 몇 가지 질문해도 될까요?"라는 질문에 상대가 시간을 내어 대답해주면 "정말 고맙습니다. 큰 도움이 될 것 같습니다"라며 고마움을 전하게 했다. 그로부터 4일 후 다시 전화를 걸어 기부에 동참해달라고 부탁했더니, 고마움을 전하지 않았을 때와 비교해 기부에 응한 사람이 많았다고 한다.

우리는 고맙다는 말을 들으면 상대의 이야기에 귀 기울이게 된다. 누군가에게 부탁할 때는 반드시 고마운 마음을 전해야 하지만, 상대가 부탁을 들어준 뒤에 고마움을 전하는 것이 아닌 부탁을 들어주기 전에 먼저 고마움을 전하는 방법이 있다는 사실도 기억하기 바란다.

'대단히'가 아닌
'정말로'라고 말하라

"도움을 주셔서 정말로 고맙습니다."

"이번 일은 정말로 죄송합니다."

누군가에게 고마움을 전하는 것은 매우 중요한 일이기에 조금 더 이야기하려고 한다. 여기서 생각해볼 내용은 '고마움의 크기'를 어떻게 표현하느냐다.

상대에게 고마움을 전하는 표현으로는 보통 다음 두 가지를 생각해볼 수 있을 것이다.

"대단히 고맙습니다."

"정말로 고맙습니다."

두 표현 모두 좋지 않냐고 묻는다면 그렇다고 대답할 수 있겠지만, 자세히 살펴보면 후자 쪽이 한층 더 '마음이 담겨 있음'을 상대에게 전달할 수 있다.

누군가에게 고마움을 전하거나 감사 편지를 쓸 때는 '대단히'보다 '정말로'라고 표현하는 것이 좋다.

'대단히'는 정도를 나타내는 표현이다. 따라서 '대단히'는 고마움의 정도가 큼을 나타내며, 고마운 마음을 계산해서 표현한다는 의미가 된다. 즉, '고마워'와 '조금 더 고마워'가 있고, 그다음 단계로 '대단히 고마워'가 있다는 의미다.

하지만 '정말로'는 정도나 용량을 말하기보다 '심리적 감정'을 나타내는 표현이다. '정말로 고마워'는 '진심으로 고마워', '말로 표현하지 못할 정도로 고마워'와 같은 뉘앙스를 상대에게 전달할 수 있다. 그래서 '정말로 고마워'라는 말을 들으면 상대 역시 기뻐한다.

모처럼 고마움을 전하기로 마음먹었다면 그 마음이 상대에게 전달되도록 해야 한다. 그러려면 전략적으로 '대단히'가 아니라 '정말로'를 선택하여 사용하는 편이 좋다는 사실을 기억하기 바란다. 물론 사과할 때도 마찬가지다.

"대단히 죄송합니다."
"정말로 죄송합니다."

두 표현을 비교하면 '대단히 죄송합니다'는 진심으로 사과하고 있다는 느낌이 별로 들지 않는다. 미안한 마음이 크다는 것은 알겠지만 진심으로 잘못했다고 인정하거나 반성한다는 느낌을 받을 수 없다.

나 역시 예전에 누군가에게 폐를 끼쳤을 때는 "대단히 죄송합니다"라고 말했지만, 이제는 "정말로 죄송합니다"라는 말로 바꾸어 표현한다. 이렇게 말해야 미안하게 생각하고 있다는 사실을 상대에게 전달할 수 있기 때문이다.

자신의 가치관으로 사물을 판단하지 마라

"그 신입사원은 또 회식에 빠진데?"

"이번 회식은 번개니까, 선약이 있나보지."

3억 원을 가진 사람과 전 재산이 3,000만 원인 사람 중에 누가 더 행복할까?

정답은 '단순히 재산만으로 비교할 수 없다'이다.

심리학에서는 다음 공식을 통해 개인이 느끼는 행복감을 측정해볼 수 있다.

행복감 = 그 사람이 가지고 있는 물건

÷그 사람이 가지고 싶어 하는 물건

일리노이대학교의 에드 디너Ed Diener 교수가 정리한 이 공식은 개인의 행복감을 측정하는 데 매우 유용하다.

예를 들어 3,000만 원을 가진 사람이 1,000만 원짜리 중고차를 구입하고 만족해한다면 이 사람의 행복감은 3,000÷1,000=3이 된다. 반면 3억 원을 가진 사람이 6억 원에 달하는 고급외제차를 타고 싶어 한다면, 같은 공식을 적용해 행복감을 측정해보면 30,000÷60,000=0.5가 되어 중고차에 만족하는 사람보다 행복감이 크게 떨어진다는 사실을 알 수 있다.

상대가 3억 원을 가지고 있다고 해서 "와, 부러운데"라고 말하면 상대는 떨떠름한 표정을 지을지도 모른다. 3억 원으로는 상대가 원하는 고급외제차를 손에 넣을 수 없기 때문이다. 반대로 재산이 3,000만 원인 사람에게 "뭐야, 재산이 3,000만 원밖에 안 돼?"라고 말한다면 상대는 얼떨떨한 표정을 지을 것이다. 상대는 자신의 재산이 충분하다고 생각하기 때문이다.

우리는 걸핏하면 자신의 가치관을 기준으로 상대를 바라보려고 한다. 실제로 상대가 어떠한 감정인지 알려고 하지 않은 채 단지 자신의 기준을 상대에게 억지로 끼워 맞추려고 하는 것이다.

국내에서만 생활하다 보면 좀처럼 실감하기 힘들지만, 세계에는 하루에 한 끼도 먹지 못해 내일이라도 당장 굶어 죽을 듯한 사람이 수없이 많다. 그러한 사람들은 노숙자조차 당뇨병에 걸리는 사회를 부러워할 수밖에 없을 것이다.

우리가 외국인을 대할 때는 문화가 다르고 가치관이 다르다는 사실을 인정한다. 외국인을 대할 때와 마찬가지로 주변 사람들도 다르다는 사실을 인정해주었으면 좋겠다.

도시에서 자란 사람은 시골에서 자라 표준어에 익숙하지 않고 사투리를 쓰는, 게다가 적극적이지도 않은 사람의 마음을 잘 이해하지 못한다. 그래서 "좀 더 사교적으로 행동하는 게 낫지 않을까?"라는 말을 스스럼없이 내뱉을 때가 있다.

내 가치관은 어디까지나 나만의 것이라는 생각으로 상대가 어떠한 기준으로 가치판단을 하는지 관심을 기울여야 한다. 세상에는 '이혼쯤이야 대수로운 일도 아니지', '부하직원은 머슴 다루듯 해도 돼'와 같이 나와는 다른 가치 기준으로 행동하는 사람이 수없이 많기 때문이다.

인간관계를 무너뜨리지 않는
'가트맨 비율'

"오늘 데이트는 장소, 식사, 분위기 모두 최고였어."

"다만, 약속 시간에 늦은 것은 빼고 말이야."

어떠한 관계에서도 비난, 반대, 모욕, 야유, 조롱 등은 해서는 안 된다. 기분 나쁜 말을 듣고 화내지 않는 사람은 없기에 부정적인 말은 내뱉지 않는 편이 좋다.

그런데 상처 주는 말 한마디로 인간관계는 쉽게 끝나는 것일까? 아무리 오랜 기간 이어온 관계라도 단 한 번의 부정적인 말로 관계가 무너지고 마는 것일까?

물론 그렇지 않다.

워싱턴대학교의 존 가트맨John Gottman 교수는 몇 년에 걸친 연구 끝에 인간관계가 파멸에 이르는 과정을 예측하는 '가트맨 비율Gottman Ratio'을 공식화했다.

다음 표를 보기 바란다.

상대와의 관계	발언 횟수	
	긍정	부정
부모와 자식	3	1
상사와 부하	4	1
파트너	5	1
친구	8	1
점원과 고객	10	1
유소년팀 코치와 아이	20	1
부모와 성장한 자녀	100	1
지인의 양부모	1000	1

이 표는 인간관계가 원만히 유지될 때의 긍정 발언과 부정 발언의 비율이다. 이를 '가트맨 비율'이라고 한다.

부모와 자식의 관계라면 부모가 아이에게 3회 칭찬하고 1회 꾸짖는다고 해도 그 관계는 무너지지 않는다는 사실을 보여준다. 상사와 부하직원이라면 부하직원에게 4회 칭찬하고 1회 정도 혼낸다고 해도 두 사람의 관계에는 전혀 문제가 없다.

가트맨의 조사에 따르면 가장 무너지기 쉬운 관계는 상대가 양자일 때 그의 양부모에 대해 나쁘게 말하는 경우라고 한다. 가령 상대에게 999번 좋은 말을 했더라도 한 번이라도 "네 양부모는 어떠어떠해"라고 험담을 하면 두 사람의 관계는 무너지고 만다고 한다. 누구나 자신의 부모에 대해 나쁘게 말하면 참지 못하겠지만, 양자의 경우는 더욱 민감하게 받아들이는 것이다.

이 '가트맨 비율'을 참고해가며 원만한 인간관계를 유지해보자. 교우관계라면 상대에게 여덟 번 칭찬하고 한 번쯤 "그런데 넌 너무 구두쇠인 것 같아"라고 질책해도 전혀 문제없다. 그 비율이 8:1을 넘지 않으면 된다.

상대에 대해 나쁘게 말해서는 안 된다는 생각에 참기만 한다면 오히려 정신건강에 좋지 않다. 하고 싶은 말이 있다면 솔직히 말해도 괜찮다. 다만 '가트맨 비율'을 지켜가며 부정적 발언 횟수가 지나치지 않도록 주의를 기울여야 한다.

세심한 배려를
잊지 말자

'내가 이렇게 이야기하면 상대가
어떻게 받아들일까?'

'상대가 오해하지 않게 말하려면 어떻게 해야 할까?'

말은 때로 상대에게 깊은 상처를 주는 칼이 된다.

왕따를 비관해 자살하는 학생들의 뉴스 중에는 맞거나 발로 차이는 물리적 폭력이 아닌 '언어 폭력'에 의해 정신적으로 궁지에 몰리다 고통을 견디다 못해 자살했다는 소식이 가끔 들린다. 이처럼 언어 폭력은 물리적 폭력 못지않게 위력적이다.

대화를 통해 상대에게 호감을 얻고 싶다면 세심함이 느껴지도록 말해야 한다. 상대의 마음을 헤아리고 상대를 배려하는 말을 건네는 것이다. 섣부른 발언으로 상대에게 상처가 되는 말을 하면 호감을 얻지 못한다.

일리노이대학교의 수잔 스프레처Susan Sprecher 교수는 대학생 318명에게 친한 친구가 누구인지를 물은 뒤 왜 그 친구에게 매력을 느끼는지를 조사했다. 그 결과, 친구가 자신에게 보여주는 따뜻함과 세심함이 크게 영향을 미쳤다는 사실을 알 수 있었다.

세심한 배려는 사람의 매력을 결정짓는 데 매우 중요한 요소다. 그럼 어떻게 하면 상대를 세심하게 배려할 수 있을까?

정답은 그 사람의 입장에서 한 번 더 생각해보는 것이다.

'이렇게 말하면 친구가 어떻게 생각할까?'

'내 말이 친구에게는 어떻게 받아들여질까?'

세심한 배려는 상대의 호감을 얻는 열쇠다.

이렇게 자문자답하는 버릇을 들인다면 상대를 배려하여 말을 할 수 있다. 중요한 점은 상대를 떠올리며 상대가 어떻게 받아들일지를 스스로 깨닫는 것이다.

대형 디젤차 중에는 간혹 가스배기구가 보행로 쪽에 달린 차를 볼 수 있다. 그래서 보행로를 걷다 보면 배기가스가 온몸을 덮어 불쾌해질 때가 있다. 보행로를 걷는 보행자를 배려한다면 가스배기구는 반드시 반대 차선으로 향하도록 해야 한다.

이렇게 가스배기구를 디자인한 사람은 보행자에 대해서는 조금도 생각하지 않고 자동차를 설계했을 것이다. 세심한 배려가 부족한 것이다. 대화를 나눌 때도 이러한 배려 없는 행동을 하지 않도록 주의해야 한다.

신기하게도 상대의 감정이나 처지를 이해하려고 애쓰면 애쓸수록 자연스럽게 말투가 공손해지면서 높임말 또한 능숙해진다. 자신의 처지만 생각하며 상대를 배려할 줄 모르는 사람은 시간이 지나도 높임말이 능숙해지지 않는다. 높임말을 잘 쓰지 못하는 사람 중에는 배려가 부족한 사람이 많다.

정말로 중요한 일은
다른 사람에게 상담하지 않는다

'퇴사 문제를 선배한테 상담해볼까?'

'아니다, 어차피 내 인생인데 내가 결정해야지!'

인생의 갈림길에서 고민할 때 누군가와 상담하는 일은 자신을 안심시키는 최고의 처방이라고 흔히 생각한다.

하지만 이는 잘못된 생각이다.

자기 문제는 누구보다 자신이 가장 잘 알고 있으며, 타인의 의견을 듣는다고 해도 어떠한 도움도 받지 못하기 때문이다. 누군가에게 상담하기로 마음먹었다면 '결과가 어떻게 되든지 상관없는 문제'로 한정 짓는 것이 현명하다.

상담하고 나서 상대의 의견을 수용하지 않으면 상대는 불쾌해진다.

'뭐야, 기껏 시간 내서 들어줬더니!'
'내 말을 듣지 않을 바에는 처음부터 물어보지나 말지!'

이러한 기분이 들 게 뻔하다. 그러니 애초에 다른 사람의 의견을 잘 듣지 않거나 이미 정답에 가까운 뭔가를 발견했다면 상담하지 않는 편이 낫다.

또한 타인의 일을 자기 일인 양 고민하는 사람은 드물다. 이는 상대 역시 마찬가지며 내가 아무리 진지하게 상담하려고 해도 상대는 건성으로 대답하고 만다.

"나, 결혼할까 해."
"응? 잘됐네."

"나, 이직하려고 하는데."

"그래? 더 생각해보는 게 좋지 않을까?"

누군가와 상담할 때면 매번 이런 식이어서 참고할 만한 내용이 거의 없다. 상대에게 악의는 없겠지만, 내 의견과 어긋나면 의욕이 꺾일 수밖에 없어서 애초에 상담받지 않는 편이 나을지도 모른다.

나 역시 작가가 되기 전에 "연필 하나로 먹고살려고 해"라며 친구와 선배에게 이야기를 꺼낸 적이 있는데, 그들에게 돌아온 대답은 "뭐? 말도 안 되는 소리 하지 마!"였다. 일반 회사에 들어가거나 대학에서 연구자로 남는 편이 안전하고 무난한 인생을 보낼 수 있다는 의미였다.

크게 틀린 말은 아니었지만, 나는 작가가 되고 싶었다. 그래서 나는 모든 사람의 의견에는 귀를 닫은 채 책을 쓰기로 결심했다. 지금은 내 선택이 틀리지 않았으며 상대의 의견을 들으려고 했던 내가 바보였다고 생각한다.

스탠퍼드대학교의 앤서니 바스타디Anthony Bastardi 교수에 따르면 우리는 종종 단순히 손에 넣기 쉽다는 한심한 이유로 관계없는 정보를 판단 기준으로 삼을 때가 많다고 한다. 또 일단 정보를 얻게 되면 그 정보가 아니었으면 절대 내리지 않을 법한 결단을 내린다고 한다.

친구나 가족 등 가까운 사람의 의견은 손에 넣기 쉬운 정보다. 그러한 정보를 접하면 우리는 망설이게 된다. 애초에 작가가 되겠다는 꿈을 꾸었어도 주변에서 "그만둬, 하지 말라니까" 하고 큰소리로 합창을 해대면 '그래, 꿈만 좇고 있을 나이는 아니지…' 하고 의욕이 꺾이고 만다.

다행히도 나는 다른 사람의 의견 따위에는 처음부터 신경 쓰지 않았기에 타인의 의견에 좌지우지되는 일은 없었다. 하지만 이직을 하든지 결혼을 결심하든지 인생의 중요한 문제에 대해서는 누구와도 상담하지 않고 혼자 몰래 결정하는 편이 낫다고 생각한다.

두뇌 회전이 둔해졌다면 운동을 시작하자

말을 잘하는 사람은 모두 머리가 좋다.

대화할 때는 어느 정도의 두뇌 회전 속도가 필요한 법인데,

두뇌 회전이 느린 사람은 아무래도 한 박자 느리게 반응하기

때문이다. 민첩하게 반응하려면 두뇌 회전 속도가 중요하다.

보통 사람은 나이를 먹을수록 두뇌 회전이 둔해진다. 그래서

어르신들과 이야기를 나눌 때면 우물쭈물하는 듯한 모습에

답답해하는 사람이 있을지도 모르겠다. 대화가 지루해지기

때문이다.

물론 어르신들도 악의가 있어서 느릿느릿 말하는 것이 아니

다. 그저 생리적인 현상으로 두뇌 회전이 좀 느려졌을 뿐이다.

텍사스대학교의 코트니 홀Courtney Hall 박사에 따르면 어르신들은 판단력이나 자각능력 등 인지 반응이 아무래도 젊은 사람에 비해 둔하다고 한다. 젊은 사람보다 한 박자씩 느린 것이다.

다만 홀 박사는 에어로빅 같은 운동을 하면 나이가 들면서 인지 반응이 둔해지는 것을 늦출 수 있다고 한다. 자주 걷거나 활발하게 몸을 움직이는 건강한 어르신일수록 대화가 시원시원한데, 이는 두뇌 회전이 둔해지지 않았다는 증거다.

대화가 끊기는 듯한 느낌이 든다면 이는 나이를 먹으면서 인지 반응이 둔해진 탓일지도 모르겠다. 올바른 운동 습관을 익히면서 두뇌 회전 속도를 높일 필요가 있다. 그러면 속도감 넘치는 대화가 가능해질 것이다.

운동을 자주 하는 사람일수록 치매를 비롯한 뇌 관련 질병에 걸릴 확률이 낮아진다는 사실은 잘 알려져 있다. 운동하지 않으면 우리 뇌는 자극을 받지 못해 노화가 빠르게 진행된다. 나이가 젊더라도 전혀 운동을 하지 않으면 두뇌 회전이 둔해진다. 마치 술에 취한 사람처럼 같은 말을 몇 번이고 반복하여 상대를 난처하게 하는 일도 적지 않다.

"그 얘기는 전에도 들었는데요."

이렇게 지적받은 일이 한 번이라도 있다면 뇌가 둔해졌다는 증거다. 택시 타는 일을 멈추고 가까운 거리는 걸어보자. 엘리베이터를 타지 말고 계단을 이용해보자.

일상생활에서 할 수 있는 작은 노력이 뇌를 더욱 활성화하여 두뇌 회전이 빨라지고 대화 속도를 높일 수 있다. 뇌가 유연해질수록 재치 있는 멘트나 농담이 쉽게 머릿속에 떠오른다.

'난 도저히 두뇌 회전이 둔해서 재미있는 멘트를 던지지 못해' 하고 고민하는 사람이라면 대화 공부도 좋지만 지금 당장 밖으로 나가 몸을 좀 더 움직여보면 어떨까? 몸을 움직이며 뇌를 활성화한다면 자연스럽게 대화도 능숙해질 것이다.

5장

상대에게
좋은 인상을 남기는
대화의 잔기술

농담 한두 개쯤은
언제나 준비하자

"뭘 그렇게 꾸미고 나왔대,
어차피 안 꾸며도 예쁘면서."

"풉~! 그렇게 말해주니 기분이 좋은데."

대화가 능숙한 사람은 농담도 잘 구사한다.

농담을 건네며 상대를 웃기면 사교성이 넘치는 사람으로
평가받는 데 도움이 된다. 심리학에서 웃음은 사람을 편안
하게 하고 긴장을 풀어주는 역할을 한다고 한다. 따라서 농
담을 건네며 웃음을 주는 사람과 함께 있으면 전혀 피곤함을
느끼지 못한다.

런던대학교의 연구 그룹이 남여 커플을 대상으로 조사한 결과, 유머 감각이 있고 파트너를 잘 웃기는 커플이 양쪽 모두 유머 감각이 없는 커플에 비해 말다툼이 67%나 적었다고 한다. 농담을 주고받는 커플일수록 말다툼을 하지 않는다.

농담은 사람을 즐겁게 한다. 서로가 즐거우면 언쟁이나 말다툼이 절대 일어나지 않는다. 웃음은 서먹서먹한 분위기를 연출하지 않기 위한 처방전으로도 효과적이다.

그렇다고 해도 농담을 잘 구사하지 못한다고 말하는 독자 여러분도 있을 것이다. 그러나 이는 단지 소재 준비를 소홀히 했기에 잘 구사하지 못하는 것일 뿐이다. 농담 소재를 몇 가지 외워두면 누구나 농담을 건넬 수 있다.

자신만의 독창적인 농담을 구사하는 것은 예능인에게도 매우 어려운 일이다. 그러니 고민까지 해가며 농담을 짜내려고 노력하지 말자. 그냥 책을 읽다가, 또는 영화를 보다가 재치 있는 농담이나 재미있는 표현을 발견하면 몰래 가져다 쓰면 된다.

또 농담 소재를 외울 때는 통째로 외우지 않아도 된다. 소재의 엑기스만 빼낸 뒤 대화 속에 그럴싸하게 끼워 넣으면 된다. 소재를 통째로 외우는 일은 힘들뿐더러 책에 쓰인 글말을 바로 입말로 바꿀 수 없기에 나만의 편집이 필요하다.

농담을 외우는 과정은 공부하는 것과 완벽하게 같다. 미리 공부하지 않으면 높은 점수를 기대하기 힘들듯이 농담 역시 머릿속에 미리 넣어두지 않으면 이를 응용해가며 일상대화에 적용하기 힘들다.

텔레비전에 나오는 예능인들은 즉흥적인 애드리브로 사람들을 웃기는 것처럼 보이지만, 실제로는 자기만의 아이디어 수첩에 소재를 모으고자 필사적으로 노력한다고 한다. 이러한 자세는 수험생의 모습과 크게 다르지 않다.

"난 농담이 서툴러"라고 말하는 사람은 단지 노력이 부족한 것이다. 다양한 통로로 소재를 모은 뒤 이를 기억하고자 노력하지 않으면 시간이 지나도 농담을 구사하지 못할 것이다.

미국의 대통령은 재치 있는 농담을 구사하기 위해 전담 연설 작가를 고용해 소재를 모으고, 또 필사적으로 외운다고 한다. 이렇게 노력하지 않으면 재치 넘치는 농담을 구사하지 못하기 때문이다.

독자 여러분도 이러한 자세는 본받아야 한다. '고작 농담'이라며 가볍게 넘기지 말고 자격시험을 준비할 때처럼 노력하기 바란다.

상대를 관찰하면
상대의 마음을 읽을 수 있다

"커피는 에스프레소 더블로 주문할까요?"

"앗, 어떻게 그런 것까지 기억해요? 고마워요."

인간은 기본적으로 같은 행동을 반복한다.

이번 달에 네 번이나 카레라이스를 먹었다면 다음 달에도 네 번 정도 카레라이스를 먹을 것이다. 머리를 자르는 곳도 매번 같은 미용실일 테고 쇼핑하는 곳도 정해져 있을 것이다. 또 쇼핑 횟수도 대개 비슷하다.

상대를 주의 깊게 관찰하다 보면 그 사람의 성품이나 성격을 대체로 파악할 수 있다. 노스이스턴대학교의 노라 머피 Nora Murphy 박사는 상대를 유심히 관찰하면 상대의 지능지수까지 매우 정확하게 예측할 수 있다고 말한다.

아침이면 늘 언짢은 표정을 짓는 상사는 내일 아침에도 언짢은 표정을 지을 게 뻔하다. 그러니 심기가 불편한 아침 시간에는 "죄송합니다. 다음 주에 유급휴가를 받았으면 하는데요"라고 부탁하는 어리석은 행동을 해서는 안 된다.

유심히 관찰하다 보면 아침마다 심기가 불편한 선배도 기분이 풀리는 시간대나 시기가 있다는 사실을 눈치채게 될 것이다. 부탁할 일이 있다면 그 시간대를 노려야겠다는 생각도 상대를 제대로 관찰하면 알게 된다.

나는 배가 고프면 신경이 날카로워진다. 그러다 보니 배가 고플 때면 짜증을 내거나 무턱대고 화를 내기도 한다. 아내는 그러한 사실을 잘 알기에 내가 공복일 때는 접근하려고 하지 않는다. '군자는 위험한 곳에는 다가가려고 하지 않는다는 말이 진실이라면 아내는 군자임이 틀림없다.

　그러고 보니 나도 어릴 적에는 프로야구 중계를 보는 아버지 근처에는 무서워서 다가가지 못했다. 아버지가 응원하는 팀이 지기라도 하면 아무렇지도 않게 물건을 던지곤 했기 때문이다.

　누군가에게 클래식 CD를 빌려줄 때는 그 사람이 정말로 클래식을 들을 만한 인물인지 파악해야 한다. 음악을 들으면 두통이 생기는 사람에게 클래식 CD를 빌려주는 일은 아무리 생각해도 잘못된 행동이기 때문이다.

　항상 우동을 주문하는 사람에게 "이 집은 메밀국수가 맛있어요. 메밀국수를 드셔보세요"라고 권하는 일은 쓸데없는 오지랖에 불과하다.

　분위기를 파악하지 못하는 사람은 대개 관찰력이 부족하다. 상대를 주의 깊게 관찰하지 않았기에 엉뚱한 이야기를 꺼내서 상대를 난처하게 하는 것이다.

늘 호기심을 가지고 주변 사람들을 대해보자. 그러면 상대가 어떤 사람인지 제대로 이해할 수 있게 된다.

'저 사람은 지금 어떤 기분일까?'
'이 사람은 어떤 일에 즐거워하지?'

이렇게 호기심을 가지고 상대를 바라보고자 노력하면 자연스레 관찰력도 향상된다. 또 그 사람과의 만남도 한결 편해질 것이다. 상대가 어떤 사람인지 알면 대책도 세우기 쉬워지기 때문이다.

상대의 이야기에서
숨어 있는 진심을 읽어내자

"좀, 생각해봐야 할 것 같아요."

'이 이야기에는 흥미가 없구나.
그럼 플랜B를 제안해볼까?'

사람들이 하는 말을 사전적 의미 그대로 받아들인다면 아직 어른이 되었다고 할 수 없다. 상대의 이야기 뒷면에는 겉으로 드러나지 않은 진심이 숨어 있을 때가 많다.

흔히 사용하는 표현 중에 "생각해보겠습니다"가 있는데, 이는 완곡히 거절하는 표현이다. 또 비슷한 표현으로 "검토해보겠습니다"가 있는데, 이러한 말은 대개 '네 제안은 받아

들지 않겠다'는 의미다. 그러니 '더는 기회가 없다'로 받아들여야 한다.

상대가 "생각해보겠습니다"라고 완곡히 거절했는데 "그일은 어떻게 됐나요?"라며 확인하는 것은 눈치 없는 행동이다. 상대는 당신의 체면이 깎이지 않도록 우회적으로 거절한 것이니 순순히 물러서는 것이 정답이다.

회의 중에 "매우 재미있는 의견이군"이라는 말을 들었다면 '주제에서 벗어난 이야기는 그만하고 다음 단계로 넘어가지'가 상대의 속마음이다. 서둘러 자신의 의견을 철회하자.

마찬가지로 경계가 모호한 거절 표현으로 "음, 그것도 나쁘지 않군"도 있다. 새로운 기획안을 설명한 뒤 이 같은 말을 들었다면 '그것도 나쁘지 않다'가 아니라 '어딘가 마음에 들지 않는다'가 속마음이며 수용하지 않겠다는 의미다.

일리노이대학교의 리처드 바그너Richard Wagner 박사는 이처럼 의견을 명확히 드러내지 않는 지식을 '암묵적 지식'이라고 말한다. 또 상대의 이야기 뒷면에 감춰진 의미를 재빨리 알아차리고 상대가 정말로 하고자 하는 말이 무엇인지 예측해내는 능력이야말로 현실 세계에서 가장 유용한 능력이라고 말한다.

편집자에게 "이 책을 출간하게 해주세요" 하고 이야기를 꺼냈을 때 "재미있겠는데요. 생각해볼게요"라는 말을 들었다면 거절당한 것이다. 정말로 흥미를 느꼈다면 "우리 회사에서 꼭 출판하게 해주세요"라는 답변이 돌아왔을 것이다.

나 역시 이러한 경험이 몇 번 있다. 물론 나는 편집자가 전혀 '흥미'를 느끼지 않는다는 사실도, '생각'해보지 않을 거라는 사실도 알기에 '이 주제는 이 편집자에게 먹히지 않겠군'이라고 생각되면 망설임 없이 다른 편집자에게 연락하기로 마음먹었다.

관심 없는 사람에게 아무리 애써 설명해봤자 헛수고일 뿐이다. 빨리 단념하는 편이 시간을 절약할 수 있다.

세상에는 다양한 사람이 존재하기에 내 의견이나 제안, 기획에 흥미를 느끼는 사람이 반드시 있기 마련이다. 그러한 사람을 찾아가 이야기하면 된다. 상대가 완곡하게 거절했다면 끈질기게 물고 늘어지지 않는 편이 현명하다.

신문이나 잡지 같은 미디어들은 정치인의 발언이 애매모호하다는 둥 설명이 부족하다는 둥 이러쿵저러쿵 트집 잡기를 좋아하는데, 우리 역시 모든 사물을 그렇게 명확히 단정 지어 말하지 않는다. 자신의 허물은 보지 못한 채 타인을 욕하는 행동은 어리석은 짓이다.

'아, 저 정치인은 명확하게 말하지 않지만, 사실은 이렇게 하고 싶을 거야.'

이는 정치인의 얼굴을 보면 알 만한 일인데 굳이 입 밖으로 꺼낼 필요가 있을까.

상대에게
상처를 줄 '의도'가 없음을 알리자

"도와줄 수 있는 일이 있나 해서 물어보는 것인데,

지금 하는 프로젝트에 문제는 없나?"

텍사스대학교의 아니타 반젤리스티Anita Vangelisti 교수에 따르면 상대에게 상처를 주는 메시지의 특징은 '의도성'에 있다고 한다. 즉, 이 사람은 '고의'로 나에게 상처를 주려고 한다고 느끼면 상처받는다. 따라서 누군가와 대화를 나눌 때는 상처를 줄 의도가 없음을 알리는 것이 상대에게 상처를 주지 않는 방법이다.

주의를 주거나 충고를 할 때도 자신이 결코 상처를 주려고 하는 말이 아니라는 사실을 알리는 것이 매우 중요하다. 그러려면 상처 줄 의도가 전혀 없음을 이해시켜야 한다.

"오해하지 말고 들어."
"곡해하지 않았으면 해."
"비난하려는 게 아니니까 오해하지 마."
"다른 뜻이 있다고 생각하지 않았으면 좋겠어."

이렇게 말한 뒤 충고하면 상대도 일부러 싫은 소리를 하려는 것이 아니라는 사실을 알게 된다. 나에게 나쁜 의도는 없으며, 적의도 분노도 없다는 사실을 전하면 어떠한 이야기를 해도 괜찮다.

이를테면, "출근이 항상 늦군" 하고 주의를 주면 상대는 자신을 질책한다고 생각할 것이다. 그러니 상대가 이러한 생각을 하지 않도록 부연 설명을 해야 한다.

"출근이 꽤 늦군. 오해하지 말고 듣게. 출근하는 데 문제가 있는 건 아닌지 알고 싶어서 그러네. 문제가 있다면 알려주지 않겠나?"

이렇게까지 조심스럽게 이야기하면 상대도 다른 의도가 없다는 사실을 확실히 이해하게 된다. 그러면 아이를 어린이집에 보내고 출근해야 해서 늘 15분 정도 늦는다는 이야기를 들을 수 있을지도 모른다.

상대에게 상처를 줄 의도가 없어도 상대가 의도가 있다고 느끼면 상처받는다. 사람의 마음은 생각보다 여리다. 그러니 자신에게는 그러한 의도가 없음을 이해하기 쉽게 알리는 것이 상대에 대한 배려다.

"어째서 지난달보다 매출이 30%나 준 건가?"

이런 말을 들으면 책임을 묻고자 질문하지 않았음에도 부하직원은 자신을 질책한다고 생각한다. 따라서 이러한 생각이 들지 않도록 조금 더 말을 보충할 필요가 있다.

"목표량을 채우라고 말하고 싶어서가 아니네. 단지 원인이 무언지 알고 싶어서라네."

"매출이 떨어졌다고 책임을 물으려는 게 아닐세. 매출이 떨어지는 원인이 뭔지 알면 알려주지 않겠나? 부탁하네."

이 정도 부연 설명을 하면 부하직원도 나쁜 의도가 없다는 사실을 이해하게 될 것이다.

타인의 과거를
함부로 파헤치지 않는다

"함께 일하는 데 불필요한 이야기는 안 하셔도 됩니다."

"같이 일하기 위한 업무역량 관련 이야기만 하시죠."

누구에게나 말하고 싶지 않은 과거의 오점 한두 개는 있을 것이다.

나 역시 과거의 일을 떠올리면 얼굴이 빨개질 정도로 부끄러워질 때가 있다. 그러니 과거의 일을 다른 사람에게 별로 말하고 싶지 않다.

누구나 저마다의 역사가 있다고 하는데, 타인의 역사를

들추지 않고 모른 척하면서 내버려 두는 것이 상대에 대한 배려인 것이다. 다시 말해, 다른 사람의 과거를 함부로 캐묻지 않는다.

"저기, 학창 시절에는 어떤 아이였어?"
"그럼, 신입사원 시절에 실수한 적 있어?"
"그럼, 술자리에서는? 실수한 적 없어?"

무엇이든지 알고 싶어 하고 남 말하기 좋아하며 가십거리나 소비하는 가짜뉴스 생산자 같은 존재가 되면 안 된다. 상대가 스스로 말을 꺼내면 모를까, 내가 먼저 물어서는 안 된다. 다른 사람의 과거는 가만히 덮어두자.

'연인 사이에 피해야 하는 대화 주제'를 분석한 일리노이 대학교의 리앤 노블로치Leanne Knobloch 교수는 상대가 콤플렉스라고 느끼는 이야기는 굳이 꺼내지 않는 편이 안전하다고 말한다.

이를테면, '과거에 거식증에 걸린 적이 있다', '옛 연인과는 어떠한 데이트를 했다' 등 과거를 이리저리 파헤치지 않는 편이 관계를 안정시킨다. 불필요한 정보까지 알게 되면 색안경을 끼고 상대를 바라보게 되기에 모르는 편이 서로의 행복을 위한 일이 될 때가 많다.

부하직원 중에 매우 유능한 인재가 있다고 치자. 그런데 그 직원이 과거 여성 문제로 회사에서 잘렸다거나 회삿돈을 횡령했다는 소문을 들었다면 어떨까? 분명 색안경을 끼고 그 직원을 평가하게 될 것이다. 현재 그 직원이 아무리 성실히 일해도 마음 깊숙이 신뢰하지는 못할 것이다.

또 좋아하는 사람이 있는데 그 사람이 학창 시절에 왕따를 당하면서 여러 차례 자살 시도를 한 적이 있었다는 사실을 알게 된다면 어떨까? 그 사람이 아무리 밝게 행동해도 그 모습은 연기일 뿐이라고 의심하게 될 것이다.

다른 사람의 과거를 들추면 쓸데없는 편견이 생기기 쉽

다. 현재 모습 그대로 상대를 평가하고 싶다면 과거의 모습은 알려고 하지 말자.

상대가 한부모 가정에서 자랐다거나 형제 중에 범죄자가 있다거나 과거에 체포 경력이 있다는 사실을 알게 되면 아무래도 색안경을 끼고 바라보게 되고, 이는 현재의 상대에게 실례되는 행동이다.

먼저 타인을 배려할 줄 아는 사람이 되자.

문제는
자신이 먼저 폭로하자

"사실 교수님 면담 때문에 늦었다는 건 거짓말이야…."

"응, 알고 있었어.
그래도 먼저 이야기해줘서 다행이네."

　어떠한 문제가 발생했을 때 이를 무조건 숨기려고만 해서는 안 된다.

　아무리 문제를 숨기려고 해도 머지않아 들통나기 때문이다. 어차피 들통날 거라면 스스로 이야기하는 편이 어딘가에서 밝혀지는 것보다 훨씬 낫다.

기업 문제를 예로 들어보자. 불미스러운 일이 발생하면 회사는 분명 조직적으로 이를 은폐하려고 하겠지만, 조만간 내부고발자가 나타난다거나 당국의 조사로 문제가 세상에 드러난다. 아무리 숨기려고 해도 들통나기 마련이다.

기업에서 불미스러운 일이 발생하면 대개 처음에는 "우리 회사는 절대 그런 일을 하지 않았습니다"라며 강경한 태도를 보이지만, 어느새 꼬리를 내리고는 "사실은 우리 회사가 한 일입니다. 여러분께 심려를 끼쳐서 죄송합니다"라며 고개를 숙이는 흐름이 대부분이다. 처음에 숨기려고 한 만큼 이러한 모습은 보기 흉할 수밖에 없다.

정치인의 뇌물이나 정치자금 문제도 마찬가지다. 처음에는 필사적으로 숨기려고 하지만 언론에서 취재에 나서면 이러지도 저러지도 못하는 상황이 되어서는 결국 사과한다. 이럴 바에야 차라리 처음부터 스스로 자신의 잘못을 모두 드러내면 볼썽사나운 모습을 보이지 않아도 되지 않을까 생각한다.

펜실베이니아주립대학교의 왈리드 아피피Walid Afifi 박사
는 매우 흥미로운 실험을 진행했다. 연인에게 바람피운 사실
이 들통났을 때 어떻게 들통났는지, 그리고 상대와 관계가
얼마나 악화되었는지를 조사한 것이다.

아피피 박사는 바람피운 일이 드러난 뒤의 관계 변화를
마이너스 3점에서 플러스 3점으로 계산했더니 다음과 같은
결과를 확인할 수 있었다고 한다.

어차피 들통난다면 스스로 자백하는 편이 낫다

어떻게 발각되었나?	발각 후 관계 악화 정도
상대가 직접 고백했다	−0.76
상대에게 추궁한 뒤 자백을 받았다	−1.14
친구와 지인이 알려줬다	−1.32
바람피우는 현장을 목격했다	−1.33

(출처: Afifi, W. A. et al.)

마이너스 수치는 관계가 악화했음을 의미하며, 숫자가 클
수록 관계가 얼마나 나빠졌는지를 나타낸다.

모든 수치가 마이너스인 것을 보면 알 수 있듯이 어떠한

형태이든지 바람피운 것이 발각되면 결과적으로 관계가 나빠진다는 사실이다. 다만 중요한 점은 바람피운 사람이 스스로 자백했을 때 상처를 가장 적게 받는다는 사실이다. 어차피 들통날 거라면 먼저 자백하라고 조언하는 이유를 이 연구를 통해 이해할 수 있을 것이다.

아무리 거짓말을 해도 결국 들통난다. 인간의 행동이 완벽하지 않은 한 끝까지 거짓으로 일관할 수는 없다. 그렇다면 차라리 스스로 자신의 잘못을 드러내자. 그러는 편이 깔끔하며 결과적으로 그 문제로 받을 상처도 그리 깊지 않을 것이다.

상대의 이름을 기억하는 것만으로 부족하다

"천덕이 말썽은 여전한가요?"

"네, 이젠 천덕이도 늙었는지
말썽이 예전 같지 않네요."

비즈니스 관련 서적에는 명함을 교환했다면 상대 이름을
정확히 기억해두고 다음에 만났을 때 상대의 이름을 불러주
라고 적혀있다. 분명 틀린 말은 아니다. 누구나 크든 작든 자
기 이름에 자부심을 느끼며, 이름을 불러주는 사람에게 호감
을 느끼기 때문이다.

캘리포니아대학교의 레이프 넬슨Leif Nelson 교수는 우리는 자기 이름에 강한 애정을 느끼며 자기 이름과 관련된 일까지도 무의식 중에 좋아하게 된다고 한다.

다만 상대의 이름을 기억하는 것만으로는 여전히 부족하다. 정말로 상대에게 호감을 얻고 싶다면 상대와 관련된 일은 뭐든지 기억해두는 것이 좋다. 부인 또는 남편의 이름, 형제 이름, 반려동물 이름까지, 이름과 관련된 이야기가 나왔다면 한꺼번에 기억해두자.

두 사람 모두 동물을 좋아하면 일은 뒷전으로 제쳐두고 반려동물 이야기로 꽃을 피울 때도 있다. 흔히 있는 일이다. 이때 반드시 상대의 반려동물 이름을 물어두고 다음에 만나면 이름을 정확히 기억하고 있다는 사실을 어필해야 한다.

"○○○ 씨, 딸기는 잘 있죠?"

"안녕하세요. △△△ 씨, 까미도 많이 컸겠네요?"

"오랜만입니다, □□□ 씨. 럭키는 건강하죠?"

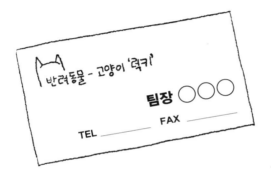

반려동물 - 고양이 '럭키'

팀장 ○ ○ ○

TEL ———— FAX ————

이름을 잊지 않고 기억해두면 기쁨을 줄 수 있다.

이렇게 인사를 건네면 상대도 틀림없이 기뻐할 것이다. 반려동물을 키우는 주인이라면 공감하겠지만, 주인에게 반려동물은 가족이나 다름없기에 이름을 잊지 않고 기억해준다면 무척 기쁘다. 나 역시 동물을 좋아해서 토끼와 얼룩다람쥐를 키우는데, 동물은 가족이라기보다 내 분신이다.

과거에는 애니미즘 신앙의 영향으로 식물이나 바위에도 이름을 붙여가며 소중히 받들어왔다. 최근에도 자신의 골프 클럽이나 자동차에 이름을 붙이며 소중히 아끼는 사람이 많다.

거래처 담당자가 자신이 애용하는 만년필에 '무사시'라는 이름을 붙였다면 이를 기억해뒀다가 "무사시는 여전히 힘 있게 잘 써지나요?"처럼 대화 중에 넌지시 이름을 불러본다. 틀림없이 상대는 기뻐할 것이다. 애정을 느꼈기에 만년필에 이름을 붙였을 테고, 별 의미가 없었다면 애초에 이름을 붙이지 않았을 것이다.

나는 사람의 이름은 좀처럼 기억하지 못하지만 반려동물의 이름은 쉽게 기억한다. 그래서 상대방의 이름은 바로 떠오르지 않아도 "아, 딸기는 요즘 말 잘 듣나요?"라는 식의 대화가 가능하다. 상대방의 이름을 잘 기억해내지 못해서 감점 요인이 되기도 하지만, 반려동물의 이름을 기억하면서 균형을 잡고 있다.

누구에게도 뒤지지 않을 칭찬력을 갈고닦자

"○○ 씨의 밝은 성격은 그 회사의 최고 자산 같아요."

"선생님이야말로 행복전도사지요."

다른 사람에게 높이 평가받고 싶다면 칭찬력을 길러야한다.

칭찬을 잘하게 되면 누구나 내 팬이 되어 나에 대해 나쁘게 말하지 않는다. 내가 굳이 내 자랑을 늘어놓지 않아도 내팬들은 여기저기서 나에 대해 좋은 소문을 퍼뜨린다.

"그 사람은 정말 유쾌한 사람이야. 말도 얼마나 재미있게 하는데."

"그 사람, 정말 머리가 좋다니까."

"그 사람만큼 마음이 따뜻한 사람은 본 적이 없다니까."

내 팬들이 알아서 만나는 사람 모두에게 내 칭찬을 늘어놓으며 장점을 마구 퍼뜨리고 다닌다. 이처럼 고마운 일이 또 있을까? 그러니 칭찬만큼은 아끼지 않고 바로바로 할 수 있는 사람이 되자.

플로리다주립대학교의 제임스 웨이언트James Weyant 박사에 따르면 칭찬을 충분히 들은 사람은 다음번에는 반대로 칭찬한 사람에게 친절을 베풀려고 한다고 한다. 내가 누군가에게 칭찬하면 결코 손해 보는 일이 아니다. 상대는 반드시 보답하려 하기 때문이다. 직접적으로 선의를 베풀기도 하고, 내가 없는 곳에서 좋은 소문을 퍼뜨리기도 한다. 어쨌든 손해 보는 일은 없다.

뻔한 칭찬이라도 하지 않는 것보다 하는 것이 훨씬 낫다. '칭찬하면 마이너스 평가를 받는다'는 말은 거짓이다. 말도 안 되는 소리다. 누구든지, 어떤 상황에서든지 칭찬을 하고 좋지 못한 평가를 받는 일은 절대 없다고 단언할 수 있다.

나는 누구에게나 자연스럽게 칭찬하는데, 이 때문에 마이너스 평가를 받은 적은 없다. 상대가 불쾌한 표정을 지은 적도 없고, 내 뒤에서 험담했다는 이야기도 듣지 못했다. 나에 관한 소문은 대개 '밝고 유쾌한 선생이다'뿐이다.

나는 다음과 같은 칭찬을 능청스럽게 입 밖으로 꺼낸다.

"○○ 씨는 20대라고 해도 사람들이 믿겠어요."

"○○ 씨와 일하는 동료들은 모두 행복할 것 같아요."

"제가 ○○ 씨처럼 멋있었으면 지금쯤 작가가 아니라 모델을 꿈꿨을 거예요."

내 칭찬 작전이 효과적인 까닭은 상대에게 어떠한 보답도 바라지 않기 때문이다. 나에게 상대의 장점을 찾아내 칭찬하는 일은, 말하자면 취미 활동이나 다름없다. 칭찬을 했다고 해서 금품 같은 보답은 절대 바라지 않는다. 그렇기에 능청스럽게 칭찬할 수 있는 것이다.

물론 어떠한 보답을 기대하지 않더라도 칭찬을 하면 상대는 반드시 나에게 호의를 베푼다. 괜찮은 일을 부탁한다든가 술을 보낸다든가 내가 없는 곳에서 좋은 소문을 퍼뜨린다.

평소 인사하듯이 자연스럽게 칭찬할 수 있도록 훈련해보자. 이 훈련은 결코 헛된 노력으로 끝나지 않을 것이며, 반드시 우리에게 원만한 인간관계를 선물해줄 것이다.

"너한테 맡길게"라고 하더라도 상대가 무엇을 원하는지 알아두자

"이번 건은 ○○ 씨가 알아서 처리해줘."

"선배님. 이번 건은 제가 처음이라
조언 좀 부탁드립니다."

다른 작가들의 경우는 모르겠지만, 나는 내가 나서서 "이 주제로 책을 쓰겠습니다" 하고 출판사에 요구하는 일이 드물다. 주로 편집자에게 "이 주제로 써주시겠어요?"라고 의뢰받는 일이 많다.

주제나 구성안이 미리 정해져 있으면 그 틀에 맞춰 집필을 하면 되니 나 역시 편하다. 요청이 까다로울 때도 있지만 처음에 요구하는 바를 정확히 알아두면 상대의 기대를 크게 저버리는 일은 없다. 의뢰한 대로 최선을 다해 책을 완성하면 그만이다.

그런데 간혹 나를 난처하게 하는 편집자가 있는데, 모든 일을 나에게 맡기는 경우다.

"작가님이 알아서 해주세요"라는 말을 들으면 자유롭게 집필할 수 있으리라 생각하겠지만, 현실은 그렇지 않다. 몇 번이고 수정했는데도 "이건 아닌 것 같아요", "제가 생각한 것과 좀 다른데요"라는 말을 들으면 어떻게 해야 할지 모르겠다. 처음부터 꼼꼼하게 의뢰해주는 편이 결국 수고가 줄어든다.

이와 비슷한 이야기를 북디자이너에게 들은 적이 있다.

편집자가 책 표지를 의뢰하면서 "밝은 이미지로 부탁해요"처럼 애매하게 지시할 때가 가장 곤란하다는 것이다. 이 때는 어떠한 디자인 시안을 제안해도 쉽게 통과되지 못한다고 한다. 디자인 시안이 수용되기는커녕 '당신 때문에 모두 잘못됐다'라는 식의 태도를 보이는 경우도 있다고 한다. 기가 찰 수밖에 없다.

상사가 매우 자잘한 부분까지 간섭하려고 한다면 오히려 고마워하자. 처음에 되도록 꼼꼼하게 요구를 들어두면 나중에 고치거나 수정하는 시간을 절약할 수 있기 때문이다.

"네가 하고 싶은 대로 해"라는 말이 오히려 무섭다. 결국에는 이러쿵저러쿵 트집을 잡을 게 뻔하다. 이럴 때는 자기방어를 위해서라도 "아닙니다. 저 같은 초짜가 어찌 감히 멋대로 할 수 있겠습니까?"라며 자신을 낮추는 태도를 보이며 "어떻게 하면 되는지 구체적인 방향을 가능하면 문서로 알려주십시오"라고 말해야 한다.

'어쭈, 고작 시키는 일밖에 못 하는 거야?'라며 불편한 심기를 드러내는 상사가 있을지도 모르지만, 내 멋대로 진행했다가 나중에 쓴소리를 듣느니 처음에 싫은 소리를 듣더라도 일단 지시를 들어두는 편이 결과적으로 안전하다.

일리노이대학교의 샌디 웨인Sandy Wayne 조교수는 상사와 부하직원으로 구성된 111팀을 반년간 관찰한 결과, 부하직원이 상사에게 작은 일 하나하나 조언을 구하며 적극적으로 대화를 나눌수록 상사에게 사랑받는다는 사실을 확인할 수 있었다. 무슨 일이든지 조언을 구하려는 부하직원이 상사의 눈에는 예뻐 보이는 것이다.

흔히 보고, 연락, 상담이 중요하다고 말하는데, 이를 부하직원의 성가신 의무라고 생각하며 귀찮아하는 사람도 있다. 하지만 그렇게 생각해서는 안 된다. 이는 나를 보호하는 보험이다. 무슨 일이든지 먼저 상사에게 제대로 보고하고 상담한 뒤 정확한 지시를 받고 나서 실수 없이 일을 진행하자.

상대에게 좋은 인상을 남기는 대화의 잔기술 10

상대가
'듣고 싶어 하는 말'을 하자

"친구로서 나의 단점에 대해 이야기해줄래?"

"단점? 모르겠는걸. 본인이 모르면 없는 게 아닐까?"

군주로써 갖춰야 할 마음가짐에 대해 저술한 책으로 《정관정요貞觀政要》가 있다. 명군으로 이름을 날린 당나라 태종과 그를 보좌한 신하들이 주고받은 정치 문답집이다.

이 책에서는 태종이 신하들에게 "내 귀에 거슬리는 의견이어도 좋으니 기탄없이 말해보게"라고 말하는 장면이 자주 등장한다. 듣기 좋은 말, 달콤한 말이 아닌 날카로운 의견을 제시해보라는 의미다.

하지만 이는 명군인 태종이었기에 가능한 이야기로 우리가 참고할 만한 내용은 아니다. 복심인 척 흉내 내며 상사에게 조언하거나 친구에게 결점을 지적하려고 하면 대개는 듣기 거북해한다. 상대가 태종만큼의 그릇이라면 모를까 현실적으로는 그러한 사람은 드물기 때문이다.

"이런 낡은 방법으로는 이익을 낼 수 없습니다."
"너의 ○○한 점이 잘못됐어."

이러한 말을 하면 분명 미움받을 게 뻔하다.

날카로운 의견은 제시하지 않아도 된다. 어차피 상대는 귀 기울이려고 하지 않는다. '의를 보고 행동하지 않는 것은 용기가 없기 때문이다'라고 말하지만, 이러한 일에 용기를 발휘할 필요는 없다고 생각한다.

독일의 심리학자인 스테판 슐츠-하르트Stefan Schulz-

Hardt 박사에 따르면 우리는 자기 생각과 일치하는 듣기 좋은 정보만을 접하려는 욕구가 있다고 한다. 자신에게 유리한 이야기만을 듣고 싶어 하는 것이다. 처음부터 인간에게 이러한 욕구가 있다면 우리가 해야 할 일은 상대가 듣고 싶어 하는 정보를 알려주는 것이다.

추종자, 아첨꾼이라며 뒤에서 수군대는 사람이 있을지 모르겠지만, 그래도 괜찮다. 상대를 기쁘게 하고 분위기를 화기애애하게 하는 일이 어째서 나쁘다는 걸까?

가령 거래처의 사장이 자신이 모시는 부장에 대해 험담을 늘어놓았더라도 부장에게는 사실대로 말할 필요는 없다. 제대로 된 부장이라면 이야기에 귀 기울여줄지 모르지만, 대부분은 그렇지 않기 때문이다. 차라리 살짝 거짓을 보태어 "부장님, 거래처 사장님이 부장님처럼 의욕 넘치는 분은 없다고 하시더라고요"라며 적당히 둘러댄다.

누구나 싫은 소리를 들으면 우울해진다. 나 역시 편집자에게 "이번 책은 잘 안 팔리네요"보다 "온라인에서는 선생님

책이 꽤 반응이 좋던데요"라는 말이 듣기 좋다. 거짓말이라도 듣기 좋은 말을 해주었으면 좋겠다.

그 내용이 옳다고 해서 곧이곧대로 상대에게 알려서는 안 된다. 상대를 불쾌하게 하는 정보라면 가령 그 내용이 진실이라고 해도 에둘러 애매하게 표현하거나 차라리 알리지 않는 편이 낫다고 생각한다.

감정이 격해졌다면
그 마음을 솔직히 전달하라

"지금 좀 흥분하신 것 같은데요."

"그렇게 감정적으로 말씀하시면,
제 기분도 좋아지지 않습니다."

사람이라면 누구나 감정이 격해질 때가 있다.

로봇이 아니니 흥분하거나 짜증을 낼 수도 있다. 늘 차분하고 침착하며 어떠한 일에도 동요하지 않는 사람은 없으니 감정적인 모습을 보인다고 해도 어쩔 수 없다.

다만 스스로 감정이 격해졌다고 느꼈다면 이를 솔직히 인정하고 상대방에게 고백하자. 이러한 행동을 할 수 있느냐

없느냐에 따라 상대 반응도 달라지기 때문이다.

"죄송합니다. 제가 좀 초조해 보이나요? 그만큼 저에게는 이번 일이 매우 중요해서요."

"화가 난 듯 들리실지 모르겠네요. 사실 오전에 회사에서 안 좋은 일이 있었거든요."

"제가 흥분하면 말투가 공격적으로 바뀌는 나쁜 버릇이 있어서요. 결코 악의가 있어서 그런 건 아니니까…"

감정이 격해졌다는 사실을 스스로 인정하면 신기하게도 잃어버린 이성을 되찾게 된다. 상대도 이러한 상황을 이해하게 되면서 내 행동을 용서해준다. 이미 이성을 잃어버리고도 그 사실을 인정하지 않는 모습만큼 볼썽사나운 모습이 없다.

"내가 화를 냈다고? 뭘 보고 화를 냈다는 거지? 말해봐!"

이렇게 언성을 높이는 사람은 이미 완전히 이성을 잃은

것이다. 상대가 이성을 잃었다고 생각되면 이 사실을 숨기지
말고 차라리 스스로 드러낸다.

"그렇게 말씀하시면 저 또한 발끈할 수밖에 없습니다."

이처럼 자신이 화가 났음을, 평정심을 잃었음을 솔직히
고백하는 것이 비법이다.

실제로 감정이 폭발하면 이성적인 반응을 보이기 힘들다.
조금이라도 감정이 격해졌다고 생각되면 이성이 조금이라도
남아 있을 때 '감정이 격해지고 있다'라는 사실을 인정하자.
불씨가 커지기 전에 방화 작업을 진행하면 큰불을 막을 수
있다.

감정이 격해지고 있는 자신을 한 계단 위에서 바라보자.
마치 남의 일을 관전하듯이 '아, 내가 점점 감정이 격해지고
있구나'라는 식으로 자신의 감정을 인식하는 것이다.

이성적인 또 다른 내가 감정적인 모습으로 변해가는 나를

멀찍이 떨어져 바라볼 수 있게 된다면 이성을 완전히 잃는 일은 없다. 이는 릭 브링크만Rick Brinkman 박사가 《적군을 아군으로 바꾸는 대화의 심리학》에서 소개한 내용이다.

감정 조절이 능숙한 사람은 또 다른 내가 화가 난 자신을 객관적으로 바라볼 수 있는 사람을 말한다. 감정적으로 격해지고 있는 자신을 마주할 수 있다면 감정도 차츰 안정을 되찾게 된다.

긍정적인 말버릇이 장수를 부른다

평소 밝고 즐겁게 말하는 버릇을 들인다면 사람들에게 사랑받을 뿐만 아니라 더 큰 이득을 얻을 수 있다. 바로 건강하게 장수할 수 있다는 것이다.

유럽에는 '하루에 사과를 하나씩 먹으면 의사가 필요 없다'는 속담이 있는데, 긍정적으로 말하는 버릇을 들이는 것도 의사의 도움 없이 장수할 수 있는 방법이다.

말할 때마다 "뭐야, 부장님은 잘난 척이나 하고", "왜 나만 불행한 거지?"라는 식으로 거칠고 경박한 말만을 입에 담다 보면 자신의 수명이 줄어들게 된다. 결국 자신을 위한 일이니 언어 사용에는 주의 또 주의가 필요하다.

'정말로 말버릇이 수명까지 바꾼다고?'라며 의심하는 사람도 있을 것이다. 그러나 분명한 사실이다. 실제로 이 사실을 검증한 심리학자가 있다.

켄터키대학교의 심리학자인 데보라 대너Deborah Danner가 이끄는 연구팀은 '그 사람이 사용하는 말버릇이 수명까지 바꿀 수 있을까?'라는 주제에 흥미를 느끼고 실험을 진행했다. 연구팀은 이 가설을 증명하기 위해 '일기 분석'이라는 독특한 연구 방식을 선택했다.

팀원들이 방문한 곳은 노트르담 대성당이었다. 여기서 생활하는 수녀들은 주변에서 일어나는 일과 느낀 감상 등을 날마다 기록하는 일기를 썼는데, 수녀들이 남긴 몇 년 치의 일기장을 빌려 일기에 쓰인 긍정 표현과 부정 표현을 낱낱이 분석했다. 또 긍정 표현을 많이 사용한 사람과 부정 표현을 많이 사용한 사람을 분류한 뒤 그들이 85세, 93세가 된 시점의 생존율을 확인했다. 다음은 그 결과를 정리한 내용이다.

긍정적인 표현을 사용하는 사람일수록 장수한다

사용하는 표현	85세	93세
부정적인 표현	54%	18%
긍정적인 표현	79%	52%

(출처: Danner, D., et al.)

연구 결과에서 알 수 있듯이 '하루하루가 즐겁다', '신에게 늘 감사하다' 등 긍정적인 말을 많이 하는 사람일수록 장수한다는 사실을 확인할 수 있었다.

평소 긍정적인 말을 하려는 자세가 무척 중요하다. 이 책의 곳곳에서 밝혔듯이 밝고 유쾌해지는 대화를 하면 인간관계는 원만해진다. 또한 장수도 할 수 있다.

나는 되도록 인생을 즐기고 싶고, 오래 살고 싶다. 그래서 날마다 긍정적인 말을 하려고 노력한다. 독자 여러분도 부디 긍정적인 말버릇을 익히기 바란다. 이는 다른 누구도 아닌 자신을 위한 일이기 때문이다.

맺으며

대화력을 키우는 마법.

이러한 마법이 존재한다면 나는 '사람을 좋아하는 일'이라고 생각한다. 사람을 만나는 일이 번거롭고 귀찮다고 생각하면 대화력을 향상시킬 수 없기 때문이다.

'좋아하는 일을 하면 능숙해진다'는 말이 있다. 그림을 잘 그리고 싶다면 우선 무엇보다 그림 그리는 일을 좋아해야 하고, 바이올린을 잘 켜고 싶다면 하루 세끼의 식사보다 바이올린 켜는 일을 더 사랑해야 한다.

대화도 마찬가지다. 농담을 건네며 사람들을 웃기고 사람들의 웃는 얼굴을 보는 것을 좋아하지 않는다면 아무리 기술을 구사한다고 해도 대화력을 향상시키지 못한다.

심리학 연구를 바탕으로 대화에서 사용할 만한 기술적인

부분은 이 책에서 모두 소개했다고 생각하지만, 정말로 중요한 사실은 이는 단지 사람들에게 '호감'을 얻기 위한 기술이라는 것이다. 이 부분을 확실히 이해한다면 다소 기술이 부족하더라도 정성으로 보완할 수 있다.

이 책에서 소개하는 기술을 실천하지 못한다고 해서 크게 신경 쓸 필요 없다. 대단한 사람인 양 이야기했지만, 나 역시 사실 모든 기술을 완벽하게 구사하지는 못하기 때문이다. 그러한 부분에 신경 쓰기보다 '어떻게 하면 사람들을 더 좋아하게 될까?'를 고민해보기 바란다.

타인의 결점만 찾으려고 하면 그 사람을 좋아할 수 없게 되고, 결국은 대화력도 향상되지 않는다. 누군가를 만날 때는 상대를 존경하고 존중하는 마음이 중요하다는 사실을 마지막으로 다시 한 번 강조하고 싶다.

또 독자 여러분에게도 이 말을 전하고 싶다.

"끝까지 읽어주셔서 감사합니다."
"계속해서 잘 부탁드립니다."

나이토 요시히토